福建沿海港口物流协同发展研究

FUJIAN YANHAI GANGKOU WULIU XIETONG FAZHAN YANJIU

郑 颖 著

吉林大学出版社

·长春·

图书在版编目（CIP）数据

福建沿海港口物流协同发展研究 / 郑颖著 .—长春 :
吉林大学出版社 , 2019.5
ISBN 978-7-5692-4776-3

Ⅰ . ①福… Ⅱ . ①郑… Ⅲ . ①港口 – 物流 – 经济发展
– 研究 – 福建 Ⅳ . ① F259.275.7

中国版本图书馆 CIP 数据核字 (2019) 第 103158 号

书　　名　福建沿海港口物流协同发展研究
　　　　　FUJIAN YANHAI GANGKOU WULIU XIETONG FAZHAN YANJIU

作　　者　郑　颖　著
策划编辑　李承章
责任编辑　周　婷
责任校对　高欣宇
装帧设计　云思博雅

出版发行　吉林大学出版社
社　　址　长春市人民大街 4059 号
邮政编码　130021
发行电话　0431-89580028/29/21
网　　址　http://www.jlup.com.cn
电子邮箱　jdcbs@jlu.edu.cn
印　　刷　长沙市宏发印刷有限公司
开　　本　880mm × 1230mm　1/32
印　　张　6.375
字　　数　170 千字
版　　次　2019 年 5 月第 1 版
印　　次　2019 年 5 月第 1 次
书　　号　ISBN 978-7-5692-4776-3
定　　价　48.00 元

前　言

在现代物流系统中，港口是水、陆货物运输的重要中转地，并且提供了进出口贸易、转口贸易和发展自由贸易区的机会，是国际物流的重要组成部分。沿海港口作为国际物流重要的节点，也是国家的重要基础设施和综合交通运输体系的重要枢纽，对于国家综合实力的提升具有十分重要的作用。

福建沿海港口地处台湾海峡西岸，是我国的重要出海口，也是连接海峡东岸台湾地区，以及21世纪海上丝绸之路沿线国家和地区的重要枢纽。福建沿海港口自然条件优越，但至今没有一个具有国际影响力和竞争力的国际大港。当前福建港口之间发展很不均衡，同质化竞争严重，削弱了整体竞争力。研究福建沿海港口物流协同发展问题，可以发挥港口优势，减少港口间的无序竞争，跟随国家"一带一路"建设，促进福建港口共同发展，提升港口综合实力，带动福建经济社会发展。

全书共7章，具体内容如下。

第1章，绪论，主要介绍选题背景，并提出研究意义、研究思路、研究内容、研究方法、技术路线，以及本书的主要特色和创新点。

第2章，文献综述，梳理本书涉及的相关文献，借鉴前人在有关问题上的探索，从港口物流系统、港口物流、福建港口物流这三个方面入手，将近期国内外相关文献进行总结归纳和简单述评，为后续研究做好铺垫。

第3章，概念的界定以及研究的理论基础。首先是对港口、港口物流及港口物流系统的概念进行界定，并总结了港口物流的特点、作用和影响因素，港口物流系统的构成和特点；接着提出港口物流协同的四个理论基础，分别是竞合理论、协同理论、增长极理论和复杂系统理论，并采用这四种理论对港口物流发展做了解释，为后续研究打下基础。

第4章，福建沿海各港口物流发展现状分析。本书深入福州港、厦门港、泉州港和湄洲湾港，通过实地调查、深入企业和个人访谈等方式，收集四个港口物流基础设施、信息化水平、生产经营、服务质量等信息及港口相关产业的经营情况，对福建省沿海四个港口具体情况有了较为深入的了解。同时具体分析福建省四个沿海港口的基础设施能力、吞吐量、开通集装箱航线及航班和腹地条件。

第5章，福建沿海港口物流总体发展现状分析。首先分析了福建沿海港口群的形成，福建沿海港口群是我国五大沿海港口群之一；其次采用SWOT分析模型，对福建沿海港口物流总体发展现状进行分析，并构建SWOT矩阵，提出SO战略、WO战略、ST战略和WT战略。

第6章，福建沿海港口物流协同发展现状分析。基于协同学理论，构建港口物流系统的协同发展模型，测算和分析福建沿海港口物流系统协同度和子系统有序度，福州港、厦门港、泉州港和湄洲湾港四个沿海港口物流系统协同度和子系统有序度，探究影响福建沿海港口物流协同发展的原因。通过测算和分析福建沿海港口物流系统协同度和子系统有序度得出如下研究结论：(1)从各子系统有序度发展情况来看，2009年港口资源整合以来，港口物流基础设施子系统、港口物流规模子系统和港口城市经济环境子系统有序度呈逐年上升趋势，可持续发展潜力子系统呈无序发展状态；(2)从福建沿海港口物流协同度发展情况来看，协同度近几年一直为负值，说明不能协同发展，但从趋势来看基本上呈现上升趋势，说明港口资源整合后，港口物流协同发展水平越来越好。

第 7 章，福建沿海港口物流协同发展战略及对策建议。首先，结合我国“一带一路”建设对福建沿海港口进行合理定位。其次，从横向和纵向两方面提出福建沿海港口物流协同发展战略。从横向协同方面，只有各港口之间建立有效的竞争和合作关系，才能实现港口之间的优势互补，促进共同发展，进而提升福建沿海港口群的整体竞争力。从纵向协同方面，以港口为中心的由港口、货主、船运公司、货代、报关行、堆场、拖车公司等上下游企业组成的供应链已经形成，要加强港口供应链成员间的协作和共同发展，可以提高港口供应链的整体竞争水平。最后，从政府和港口两个角度提出福建沿海港口物流协同发展对策建议。

郑颖

2019 年 4 月

目录

1 绪论

1.1 研究背景

1.1.1 福建在建设21世纪海上丝绸之路中具有重要的区位优势

2015年3月28日，国家发展改革委、外交部、商务部联合发布了《推动共建丝绸之路经济带和21世纪海上丝绸之路的愿景与行动》(以下简称《一带一路的愿景与行动》)。提倡在坚持共商、共建、共享原则基础上，积极推进中国和"一带一路"沿线国家发展战略的相互对接。《一带一路的愿景与行动》中提到，"一带"主要是指丝绸之路经济带，重点畅通中国经中亚、俄罗斯至欧洲(波罗的海)；中国经中亚、西亚至波斯湾、地中海；中国至东南亚、南亚、印度洋。"一路"主要是指21世纪海上丝绸之路，从中国沿海港口开始，过南海到印度洋，延伸至欧洲；从中国沿海港口过南海到南太平洋。"一带一路"倡议促进了中国与沿线国家之间的经贸往来，推动国际经济合作。《一带一路的愿景与行动》提出，支持福建建设21世纪海上丝绸之路核心区。

福建被定位为21世纪海上丝绸之路核心区，显示其优越的地理位置不言而喻。福建地处中国东南沿海，是海上丝绸之路的重要起点，是连接台湾海峡东西岸的重要通道，是太平洋西岸航线南北通衢的必经之地，也是海外侨胞和台港澳同胞的主要祖籍地，历史辉煌，区位独特，且具有民营经济发达、海洋经济基础良好等明显优势，在建设21世纪海上丝绸之路中具有十分重要的地位和作用(福建省发改委等，2015)。国务院早在2014年12月就批准设立了中国(福建)自由贸易试验区(以下简称福建自贸试验区)，这是中国颁布的第二批自由贸易试验区中的其中一个，福建自贸试验区是21世纪海上丝绸之路核心区的前沿平台，以21世纪海上丝绸之路广阔的发展空间为契机，继续大力发展与欧美和东盟的经贸往来，同时大力拓展与拉丁美洲、大洋洲、非洲等国的经贸往来和合作。厦门早在1980年就被确认为经济特区，也是我国最早的四个经济特区之一，一直致力于先行先试的对外开放政策；福州是我国首批沿海开放城市之一，是海峡西岸经济区的重要增长极，2015年8月30日，福州新区作为国家级新区获批，福州新区的开发建设上升为国家战略；泉州是联合国教科文组织认定的海上丝绸之路起点，唐朝时为世界四大口岸之一，宋元时期泉州港为东方第一大港。

1.1.2 福建港口物流发展水平与福建区位优势不匹配

海峡西岸经济区、中国（福建）自由贸易试验区、21世纪海上丝绸之路核心区的确立，使得福建省战略地位和区位优势凸显。三区建设一脉相承，都强调深化区域合作，突出福建对台合作。不管是海峡西岸经济区，还是中国（福建）自由贸易试验区和21世纪海上丝绸之路核心区，福建的突出优势都是沿海港口资源，港口是福建的核心战略资源。与21世纪海上丝绸之路圈定的其他四个省或（市）——上海、广东、浙江和海南省相比，2016年福建省港口货物吞吐量为50 776万吨、上海市港口货物吞吐量为70 176.6万吨、浙江省港口货物吞吐量为140 866万吨、广东省港口货物吞吐量为179 924万吨、海南省港口货物吞吐量为16 390万吨（中国港口年鉴编辑部，2018）。福建省港口货物吞吐量除了比工业基础比较薄弱的海南省高外，跟广东、浙江和上海相比差距较大。根据《中国港口年鉴2017》中全国港口生产运行情况数据显示，2016年全国货物吞吐量超过亿吨的沿海港口有22个，在前20排名中，浙江省的宁波—舟山港排名第一（9.22亿吨）；上海港排名第二（7.02亿吨）；广东省的广州港排名第四（5.23亿吨），湛江港排名第十一（2.56亿吨），深圳港排名第十三（2.14亿吨），占据三席，共计9.92亿吨；福建省的厦门港排名第十四（2.09亿吨），福州港排名第十九（1.45亿吨），泉州港排名第二十（1.26亿吨），占据三席，但总量只有 4.8 亿吨,不及一个广州港的货物吞吐量。2016 年全国集装箱吞吐量超过 200 万 TEU(Twenty Equivalent Unit)的港口有 18 个,上海港排名第一(3 713 万 TEU);广东省的深圳港排名第二(2 411 万 TEU)、广州港排名第四(1 858 万 TEU)、东莞港排名第十二(364 万 TEU)、佛山港排名第十三(318 万 TEU),占据四席,共计 4 951 万 TEU;浙江省的宁波—舟山港排名第三(2 157 万 TEU);福建省的厦门港排名第七(961 万 TEU)、福州港排名第十六(268 万 TEU)、泉州港排名第十八(209 万 TEU),虽然占据三席,但总量只有 1 438 万 TEU,不及一个广州港的集装箱吞吐量。从以上统计数据可以看出,不管是 2016 年中国主要港口货物吞吐量前二十排名,还是集装箱吞吐量排名,福建省都远远落后于上海、广东和浙江。但是,福建省的沿海港口条件并不比这些地区差,甚至是更好。

1.1.3 福建拥有丰富的港口资源,但港口之间发展不平衡

当前,福建省虽然拥有丰富的港口资源,目前已建成多个国家一类开放海港口岸,但港口之间发展不平衡。福建沿海港口资源未整合以前有六个港口,分别是福州港、厦门港、泉州港、宁德港、漳州港和莆田港。《中国港口年鉴 2009》数据显示,2008 年福建沿海港口完成货物吞吐量 27 070.06 万吨,其中福州港 6 702.59 万吨、厦门港 9 701.96 万吨、泉州港 7 224.3 万吨、宁德港 1 007.26 万吨、莆田港 1 802.27 万吨、漳州港 631.69 万吨。从统计数据可以看出沿海港口中厦门港货物吞吐量最大,泉州港、福州港较大,宁德港、莆田港和漳州港较少,显示了沿海港口之间发展的不平衡,虽然宁德港、莆田港和漳州港也是优良的深水良港。2009 年 11 月,福建省政府做出对六个沿海港口资源进行整合的决议之后,六个沿海港口逐渐调整为目前的四个港口,即福州港(合并宁德港)、厦门港(合并漳州港)、泉州港(仅指湄洲湾南岸港区,隶属于泉州行政区划的港区,下同)和湄洲湾港(仅指湄洲湾北岸港区,隶属于莆

田行政区划的港区,即原莆田港)。《中国港口年鉴 2017》数据显示,2016 年福建沿海港口完成货物吞吐量 50 776.09 万吨,其中福州港 14 515.66 万吨、厦门港 20 910.78 万吨、泉州港 12 560.57 万吨、湄洲湾港 2 789.09 万吨。从统计数据可以看出,厦门港的货物吞吐量最大,湄洲湾港最少,湄洲湾港的发展远远落后于其他三个港口。

1.1.4 福建港口基础设施建设超前,港口之间存在激烈的同质竞争

截至 2015 年年底,福建沿海港口共有生产性泊位达 480 个,其中万吨以上 162 个,港口货物实际通过能力近 7 亿吨,其中集装箱通过能力 1 800 万 TEU(福建省港航管理局,2016)。而《中国港口年鉴 2017》数据显示,2016 年福建沿海港口实际完成货物吞吐量 50 776.09 万吨,其中集装箱吞吐量 1 440.16 万 TEU。不管是港口货物通过能力,还是集装箱通过能力,福建省港口基础设施建设已经较大超越当前社会经济发展的需要了。由于厦门港、福州港、湄洲湾港和泉州港自然条件优越、港口基础设施建设超前、发展目标相似,都想建设成为枢纽港,在港口经济腹地范围小并且存在较大重叠的状况下,四个沿海港口之间面临着争夺货源、竞相压价的激烈竞争。

1.2 研究意义

1.2.1 带动福建沿海港口全面发展

《全国沿海港口布局规划》中,将全国沿海港口划分为五个港口群体,即环渤海地区港口群、长江三角洲地区港口群、东南沿海地区港口群、珠江三角洲地区港口群和西南沿海地区港口群,其中东南沿海地区港口群以厦门港、福州港为主,包括泉州、莆田、漳州

等港口组成，就是指福建沿海港口。当前东南沿海港口群不管在港口货物吞吐量、集装箱吞吐量、开通航线、泊位建设，还是在港口信息化和服务上都远远落后于环渤海地区港口群、长江三角洲地区港口群和东南沿海地区港口群。另一方面，福建沿海各个港口之间在发展上存在较大的差距，如厦门港不管在港口货物吞吐量、集装箱吞吐量、港口信息化及提供的服务上都要好于其他港口，湄洲湾港相对较为弱小，这也影响了湄洲湾港的港区设施建设和人才队伍的培养，即使湄洲湾港自然条件优越，1989 年就被交通部列为规划建设的我国四大国际中转港之一。由于港口腹地狭小且存在交叉，福建沿海各港口面临严峻的同质竞争，福建沿海港口物流协同发展可以避免港口间的恶性价格竞争，合理分工和合作，提升东南沿海港口群的整体实力，缩小与其他沿海港口群的差距。

2013 年 9 月，国务院总理李克强在参加中国—东盟博览会时强调，要铺就面向东盟的海上丝绸之路，打造带动腹地发展的战略支点。一方面，与福建邻近的江西、湖南等省份没有出海口，福建沿海港口资源丰富，沿海港口都可以发展成为海上合作的战略支点，江西、湖南及福建内陆等腹地的货源对福建沿海港口的全面发展是难得的发展机遇。另一方面，对于福建自身来说，福建省已成为中国拥有海外华侨数量最多的省份。根据统计，在东南亚 2 000 多万华侨华人当中，祖籍为福建的占 1 000 多万。台湾居民中 80％以上是闽籍，香港居民中近 1/6 是闽籍，澳门居民也有 1/5 是闽籍（韩雨婷，2015）。妈祖文化、闽南文化、客家文化已经成为我国港澳台地区，以及东南亚一些国家共同的文化基础，可以带动福建各市与港澳台地区，及东南亚一些国家的民间经贸往来，拓展厦门港、福州港、泉州港、湄洲湾港等港口的货源，促进福建沿海港口全面发展。

1.2.2 高效利用福建沿海港口资源

尽管福建省拥有丰富的港口岸线资源，海岸线长度居全国第二位，深水港岸线资源居全国首位，但不是所有的海岸线都具备建设泊位的条件。再加上，一方面，当前福建省一些地方盲目开发港口泊位，建成后因为吞吐量不足，港口不能发挥其应有的作用，又造成能力闲置，浪费了大量的资金和港口资源；另一方面，福建省一些条件良好的深水岸线被用来开发浅水泊位，浪费了不可再生的宝贵资源。《中国港口年鉴 2017》数据显示，2016 年底福建省共有生产性泊位 578 个，其中万吨级以上泊位只有 168 个，占比 7.25%。港口物流协同发展强调转变港口发展理念，改变粗放式港口发展模式，充分合理地利用港口资源，发挥港口规模效益，实现港口与社会、经济和环境的协调发展。

1.2.3 推动对外贸易的发展

港口是国家重要的基础设施和综合交通运输体系的重要枢纽。目前中国对外贸易运输量大约 90%是通过海上运输完成的，由此可见沿海港口在国际贸易中的重要性。发展港口物流可以推动对外贸易的发展，朱坤萍和张喜梅(2013)、袁璐(2015)、张光明和廖志高(2015)等采用定量分析方法分别对河北省港口、大连港、广西港口的研究给予了证实。沿海港口具有重要的节点功能，在 21 世纪海上丝绸之路中厦门港、福州港和泉州港都是主要节点，通过加强与海上丝绸之路沿线国家和地区在港口建设、口岸通关、物流信息化等方面的合作，可以构建以福建港口城市为海上合作战略支点、与沿线国家和地区互联互通、安全高效便捷的海陆空运输通道网络，带动与沿线国家和城市开展投资贸易合作，挖掘贸易新增长点，消除投资壁垒，拓展相互投资领域，优化产业链分工布局。

1.2.4 促进福建经济快速发展

福建是中国较早实行对外开放的省份，然而多年来福建省经济总量在全国排名都不靠前，2016 年地区生产总值为 28 810.58 亿元，在全国排名第十位（国家统计局，2018）。比不上邻近的广东、浙江、山东和江苏等沿海省份，也比不上湖南、湖北、四川、河北等内陆地区。国内外很多学者的研究都证明，港口物流的发展对当地经济的发展具有重要的带动作用，Bristow 等（1995）、Seabrook 等（2003）、许峥嵘等（2012）、沈秦伟等（2013）、匡海波等（2007）分别采用不同的研究方法分析和证明了港口物流对经济增长的带动作用。港口便捷的集疏运系统不仅可以促进城市及腹地的货源向港口集中，而且还吸引了大量的人才、资金及技术等资源要素向港口及周边地区集中，形成“产业集群现象”。港口经济不仅创造大量的国内生产总值，增加就业，同时对城市经济形成了辐射和扩散，新加坡的发展就是一个典型的例子。当前，福建应该抓住 21 世纪海上丝绸之路建设的契机，强调港口的门户功能，借助福建港口优势，通过构建以福建港口城市为海上合作战略支点，与沿线国家和地区建立高效便捷的海上运输通道网络，以繁荣福建港口物流，带动福建经济的发展。

1.3 研究思路和内容

1.3.1 研究思路

本研究旨在通过对福建沿海港口的物流基础设施、吞吐量、腹地条件、经营管理等现状和问题进行调查分析的基础上，基于协同学理论，构建港口物流系统的协同发展模型，测算港口物流系统协同度和子系统有序度，揭示福建沿海港口物流协同发展现状，并针对研究结果，提出协同发展战略和对策建议。首先，本研究将港口物流协同研究背景、意义及相关文献进行了分析与总结，在此基础上确立分析研究的理论基础。其次，分析福建沿海各港口物流发展现状和福建沿海港口物流总体发展现状，采用 SWOT 分析法，构建SWOT矩阵。再次,测算和分析福建沿海港口物流系统协同度及子系统有序度。最后,在前期研究基础上,对福建沿海各港口物流进行定位,提出福建沿海港口物流的协同发展战略和对策建议。

1.3.2 研究内容

全文共七章,各章的主要内容如下。

第一章,绪论。首先对福建沿海港口物流协同发展的研究背景进行阐述,并提出研究意义、研究思路、研究内容、研究方法、技术路线以及本研究的主要特色和创新点。

第二章,文献综述。从港口物流系统、港口物流和福建港口物流研究这三个方面入手,将近期国内外的相关文献进行归纳和整体,为后续研究做好铺垫。对港口物流系统的研究主要集中在港口物流系统竞合和港口物流系统评价这两个方面;对港口物流的研究,主要集中在港口物流的集中与分化、港口物流与区域经济关系、港口物流发展和港口物流协同这四个方面;对福建港口物流的研究,主要针对福建港口物流发展现状进行对策分析。

第三章,概念的界定及研究的理论基础。首先对港口、港口物流及港口物流系统的定义进行了界定,并阐述了港口的物流服务功能、信息服务功能和其他增值服务功能以及港口物流具有物流量大、专业化、信息化和国际化等特点。在现代社会中,港口物流的功能主要是促进区域经济发展、推动区域产业结构调整、提升港口城市地位。影响港口物流的因素主要有:地理环境、港口硬件设施、港口管理水平、港口城市及腹地经济基础、国家政策和国际经济环境。港口物流系统是个复杂系统,主要由港口基础设施子系统、港口物流信息子系统、港口物流运作子系统和协调支持子系统构成,并且具有复杂性、开放性、时空性和层次性等特点。其次,提出本研究的四个理论基础:复杂系统理论、竞合理论、协同理论和增长极理论，分别阐述了对这四个理论的理解及这些理论对港口物流发展的解释。

第四章，福建沿海各港口物流发展现状分析。首先介绍了福建沿海港口的变迁，2009 年福建省政府对港口资源进行整合后，福建沿海港口从原先的六个港口整合为四个，分别为福州港（整合宁德港）、厦门港（整合漳州港）、湄洲湾港（原莆田港）和泉州港；其次，围绕港区组成及功能定位、泊位及通航能力、集疏运条件三方面对福建沿海四个港口的基础设施能力进行分析；第三，从货物吞吐量、集装箱吞吐量和主要货种吞吐量三方面对四个港口的吞吐量进行分析；第四，对四个港口开通集装箱航线及航班进行分析；最后，对四个港口腹地条件进行分析，当前四个港口直接腹地范围小，间接腹地交叉明显。

第五章，对福建沿海港口物流总体发展现状进行分析。首先分析了福建沿海港口群的形成，福建沿海港口群就是指我国五大沿海港口群之一的东南沿海港口群，包括厦门港、福州港、泉州港、莆田港和漳州港等；其次采用 SWOT 分析模型，对福建沿海港口物流总体发展现状进行分析，并构建 SWOT 矩阵，提出 SO 战略、WO 战略、ST 战略和 WT 战略。

第六章，福建沿海港口物流协同发展现状分析。基于协同学理论，构建港口物流系统的协同发展模型，测算和分析福建沿海港口物流系统协同度和子系统有序度，福州港、厦门港、泉州港和湄洲湾港四个沿海港口物流系统协同度和子系统有序度，探究影响福建沿海港口物流协同发展的原因。

第七章，福建沿海港口物流协同发展战略及对策建议。针对福建沿海港口现实状况，对四个港口发展进行定位，并提出福建沿海港口物流协同发展战略和对策建议。

1.4 研究方法和技术路线图

1.4.1 研究方法

1. 文献研究法

通过福建省图书馆、福建江夏学院图书馆和中国知网等渠道，搜集国内外有关学术著作、期刊和博士论文等文献资料，为全书的分析与研究提供较有说服力的资料和较高的理论基础。

2. 实证研究法

深入福州港、厦门港、泉州港和湄洲湾港，通过访谈、实地调查等手段调查收集四个港口物流的基本信息和原始资料，了解四个港口物流的泊位、航道、堆场等基础设施、信息化水平、港口设计通过能力、实际货物吞吐量、集装箱吞吐量、主要货种、开通的航线及航班、港口经营现状、服务水平、港口发展面临的问题及未来发展趋势等信息。

3. SWOT 分析法

采用 SWOT(Strengths, Weakenesses, Opportunities, Threats)分析模型，对福建沿海港口物流总体发展现状进行优势、劣势、机会和威胁分析，并根据分析结果构建 SWOT 矩阵，分别提出发展战略。

4. 定量研究法

基于协同学理论，构建港口物流系统评价指标体系及港口物流系统协同发展模型，测算福建沿海港口物流系统各子系统的有序度及复合系统的协同度、四个港口物流系统协同度和子系统有序度，揭示福建沿海港口物流协同发展现状。

1.4.2 技术路线图

本书的技术研究路线如图 1-1 所示。

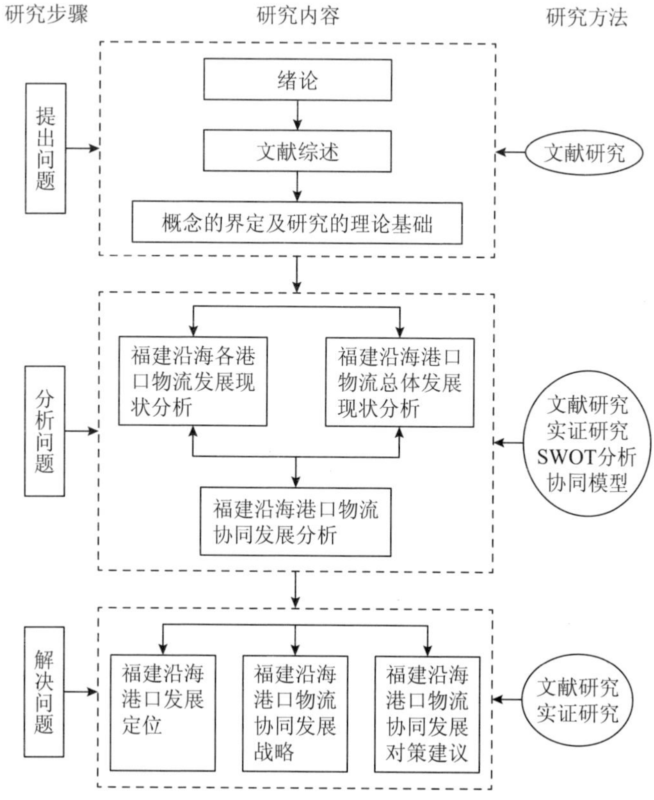

图 1-1 研究的技术路线

1.5 主要创新与不足

1.5.1 主要创新点

第一，在研究视角上，立足于我国“一带一路”倡议，结合福建“多区叠加”的政策优势，如 21 世纪海上丝绸之路核心区、中国（福建)自由贸易试验区、海峡西岸经济区来探究福建沿海港口物流协同发展这个研究视角,当前罕有人研究过。

第二,在研究内容上,立足于福建省沿海港口物流发展现状和协同现状,结合福建面临的新形势,对福建沿海港口物流进行定位,探究福建沿海港口物流协同发展战略及对策建议,对福建经济社会发展及响应国家"一带一路"建设具有重要的现实意义。

第三,在研究方法上,本研究基于协同理论进行港口物流系统的研究,当前把协同理论用于港口物流与区域经济发展的研究较多,用于港口物流系统的研究并不多,而且多数都侧重于定性研究。

1.5.2 主要不足

第一,基于协同理论构建福建沿海港口物流协同发展模型时,设计的评价指标体系受制于一些指标数据无法收集齐全,可能不够全面。

第二,受调查条件和时间限制,对福建四个沿海港口物流发展现状及问题等数据的收集可能不够全面。

1.6 本章小结

本章首先对福建沿海港口物流协同发展的背景进行了系统概括,在此基础上,明确本研究的意义。然后分别阐述了研究思路、研究内容、研究方法、研究技术路线,明确本研究的主要创新点和不足。

2 文献综述

2.1 港口物流系统研究

2.1.1 港口物流系统竞合研究

面对经济全球化的发展,港口之间不再只面临传统的敌对竞争关系,为了生存和发展,合作也是必须的。Perez-Labajos 和 Blanco(2004)认为经济全球化和可持续增长的需要对国际海运及其基础设施产生了很大的影响,欧盟要制定商业和技术战略、新的立法框架和“共同港口政策”以应对欧洲商业性港口的竞争问题。Song(2002)认为在全球经济一体化时代,港口无法继续保持以前的垄断,为了顺应市场竞争,港口间的竞争和合作是必然的,他认为港口间的竞合关系是一种新的战略选择,他以香港和华南地区相邻的集装箱港口之间的合作为例,说明港口之间通过竞合可以实现双赢。李超和张罕育(2004)以美国西雅图港和塔科马港多年竞争发展形成的竞合关系为例,认为经济全球化和港航联盟的发展趋势要求港口之间建立竞争合作战略,这对于竞争双方都是有利的,可以降低经营风险,抵御外界压力,避免港口间发生破坏性竞争,若长期缺乏协商和合作,则可能造成两败俱伤的局面。

相邻港口间长期以来存在的竞争关系导致港口的发展慢慢出现了分级,为了生存和发展,港口间自然会产生协商与合作。Hoyle 和 Charlier(1995)认为,在港口面临国际化基础和全球化趋势下,发展中国家港口系统的竞争越来越反映出港口之间的竞争,在当地、国内和国际形势背景下,东非港口系统服务于肯尼亚、坦桑尼亚和邻近的国家,说明港口间竞争导致了港口的分级和整体发展。孔宪雷和许长新(2004)认为,对于港口群内的各个港口来说,由于相互之间存在着竞争关系,一些港口将发展成枢纽港,另一些则成为支线港或喂给港,彼此之间只有通过合作才能实现共赢,同时,由于面临港口群之间的竞争,港口群内企业为了避免内耗,自然会产生合作与协商。

要保持港口物流系统内良好的竞合关系，需要政府、竞合主体等多方的努力。Lam(2004)用微观经济学理论作为有效的手段来研究国际集装箱港口的竞争和互补性，其提出的架构也可以与波特的"钻石"模型相结合，以便以整体的方式对集装箱港口需求关系进行量化、测量和分析。何建云和宁越敏(1999)分析了欧洲比较完善的合作港口群——比荷海港系统，由两个大港、一系列专业港和小港组成，他们认为同一区域港口群体存在的毗邻效应造成港口间在竞争中趋向于合作，港口合作具有广泛的内涵并且能给合作各方带来巨大的效益，但也需要一个合理的组织管理模式。刘波(2010)运用 SWOT 和 AHP(Analytic Hierarchy Process)分析法对江苏省和山东省边界区的连云港港和日照港竞争力进行比较分析，基于省际边界区港口竞合条件，提出健全竞合机制，推进竞合制度创新，构建竞合网络体系等促进省际边界区港口协调发展的对策。张继良和郑静静(2012)基于对港口物流系统竞合主体和策略环境的分析，提出港口物流系统竞合发展的指导策略，包括港口物流合作联盟策略、港口物流系统整合策略、港口物流信息协同策略与港口物流支持保障策略。张继良(2012)对港口物流系统竞合进行了较为全面的研究，提出港口物流竞合发展战略定位、竞合策略及港口竞合模式，建立了港口物流系统竞合体系及评价矩阵，并以山东半岛港口群为例进行了实证研究。

2.1.2 港口物流系统评价研究

在港口物流系统的发展过程中，一些学者通过建立评价指标体系对港口物流系统进行评价。于静静(2009)、王喜成和王景敏(2009)以环渤海地区三大主要港口——青岛港、天津港、大连港为例，运用模糊综合评价法分别对三大港口物流系统竞争力进行评价排序，由于建立的评价指标体系不同，导致的结果也不同。邢虎松和刘凯(2011)将熵值理论与模糊物元理论相结合，建立了基于熵权的港口物流系统发展水平评价的模糊物元模型，对新加坡港、天津港、上海港、青岛港和大连港的物流系统发展水平进行排序。朱晓霞和蒋佳(2012)通过构建多层次港口物流系统评价指标体系，结合信息熵和模糊综合评价方法，对16个港口进行综合排序。

2.2 港口物流研究

2.2.1 港口物流的集中与分化研究

考虑到港口物流的规模经济性，港口物流在空间上的逐渐集中化是一种趋势。Taaffe等(1963)通过建立Taaffe模型，在分析港口物流可达性基础上，发现原来由一些分散的小港口运输的货物逐渐集中到几个较大规模的港口，大港口通过建立完善的水陆交通运输网络使得港口物流逐渐集中化。Hilling(1977)认为一些地理学家经常用模型来分析港口的发展阶段，以此作为研究单个港口和地区及全国系统的联系，加纳港口活动的变化模式和现有模型的理想结果相比较，其三个阶段的发展都与避风、驳运、深水条件相关，他借助于一个不断变化的集中指数的检测，说明港口物流在空间上的集中化已经成为主要趋势。

Hayut(1981)提出五阶段模型来说明集装箱枢纽港的动态发展过程及其基本原理，他以北美集装箱港口为例，特别强调集装箱运输量集中在少数几个枢纽港的现象，并提出在枢纽港发展过程中很难衡量每个因素的重要性，但一个大规模的本地市场、内陆市场的高可达性、优越的区位、新系统的使用、港口管理水平的提升是考虑的主要因素。Rimmer(1967)用新西兰港口位置空间格局演化的简单模型来衡量港口地位的变化，通过计算不同时间新西兰港口货物量，发现奥克兰、惠灵顿、利特尔顿和达尼丁这几个港口的增长速度比其他港口快，然而由于当地的既得利益，一些商品的易腐性和中央政府的干预，阻碍了单一港口物流活动集中化的充分实现。

随着港口的快速发展，一些港口活动会逐渐转移到周围的港口，在区域港口物流系统中逐渐形成了分化现象。Rimmer(1967)在研究1861—1961年澳大利亚港口发展的空间规律中，注意到了港口体系的分化倾向。Mayer(1978)认为港口物流分化现象的主要原因是规模经济的存在使港口物流活动逐渐集中到区域内一两个区位条件较好的港口上，形成区域港口物流体系的分化现象，即枢纽港—支线港—喂给港的层级关系。Starr(1994)通过对具有竞争关系的巴尔的摩港和汉普顿路港的研究，提出一个区域港口内可以同时存在两个枢纽港，并提出在枢纽港和喂给港之间可以存在大型深水直挂港。Wang和Slack(2000)调查了华南地区集装箱港口系统的发展过程，特别聚焦于中国香港和中国珠江三角洲地区一些港口的相互关系，其研究反映了中国香港作为亚洲和中国的中转枢纽港的地位出现了下降趋势，造成这种港口系统结构变化的原因有四个：竞争成本、独特的"一国两制"政策的影响、全球化和集装箱标准化的影响、多形式的可达性和连通性的影响，研究揭示了港口之间的相互依存关系和竞争关系在区域层面正在发挥出来，虽然珠三角具有特殊性，但枢纽港、支线港和喂给港正在形成。

曾艳英(2010)通过对珠三角港口群竞争现状的研究，提出珠三角应整合港口资源，实现结构优化，各港口应根据自己的特点、地理位置、腹地情况等，明确自己在珠三角港口群中的地位，形成相应的枢纽港、干线港、支线港和喂给港，实现多方共赢。汪传旭和崔建新(2007)利用系统动力学分析模型，模拟长江三角洲地区港口功能的合理定位、集疏运结构的优化和近洋航线中转港的选择，仿真结果显示，长江三角洲地区应以上海港为集装箱枢纽港，重点发展国际中转业务，太仓港为主要中转港。陈朝萌(2016)认为粤港澳大湾区分布着众多港口，由于距离近，经济腹地相同或重叠，导致港口间存在激烈的竞争，他通过聚类分析和层次分析法分析港口群的层次定位和功能定位，研究结果表明，深圳港和香港为第一层次，定位于世界航运中心；广州港为第二层次，定位于航运枢纽；珠海、湛江、惠州、汕头和虎门等港口为第三层次，定位于地区性重要港口；其他港口为第四层次，定位于一般中小港口。

2.2.2 港口物流与区域经济关系研究

港口物流与区域经济发展具有密切的关系，当前的研究主要集中在三个方面。

一是港口物流发展对区域经济的影响。Yochum 和 Agarwal (1987)试图扭转以往研究在评估港口对区域经济影响的一些不足之处，他提出了一种方法来规避在评估间接经济影响时遇到的几个实际问题，并把这种方法应用于评估汉普顿港口对区域经济的影响。Bristow 和 Zhao(1995)认为在过去的一个世纪里，香港港经历了一个惊人的发展过程，已经成为一个世界级的集装箱大港，他以香港为例，分析了港口发展给香港经济带来的影响。刘秉镰(2000)认为港口城市经济增长比内陆城市快的原因主要是港口对城市经济发展有很大的促进作用，主要表现为：港口的区位优势提高了港口城市经济的辐射能力和区域内产品的竞争力，促进了区域产业结构的调整。李宗伟和吕玉晓(2001)分析了日照港对城市发展的带动作用，主要表现为：促进交通运输网络、临港工业和港区服务业的发展，带动商贸业、海洋产业等发展。王耀中和黎谧(2009)认为由于港口物流具有经济支撑效应、“乘数效应”、集聚效应和出口竞争效应，港口物流促进了经济增长，并采用协整分析方法和 Granger 因果检验进行了实证分析，结果显示，我国沿海港口物流对经济增长有较高的贡献度，并且两者之间保持着一种长期稳定的均衡关系。

二是区域经济对港口物流发展的影响。Seabrooke 等(2003)认为香港港是香港城市和地区经济的重要组成部分，然而对于香港港货运量的增长和发展的预测却很少，且结果又相冲突，他采用回归分析法对香港港货运量的增长和发展进行预测，对影响香港港口货物吞吐量的因素进行定性评价，后建立预测模型对港口货物吞吐量进行预测，并就珠江三角洲腹地经济对其影响进行了评估。罗永华(2010)认为区域经济的发展为港口物流的发展提供大量的货源、空间保证和金融、信息、通信、交通等相关服务，并以广东省茂名市为例，借助灰色关联模型，测算出茂名市港口物流与经济协调发展的关联度矩阵，研究结果显示，茂名市港口物流指标与经济发展指标的关联度较高，最大值为 0.926，最小值为 0.601，其中与港口物流关联度最大的是农业、金融业和货运量这三个指标。

三是港口物流与区域经济发展的相互关系。一种观点认为港口物流对区域经济增长有较高的影响，反之则不一定成立。沈秦伟等(2012)用协整分析和 Granger 因果关系检验法实证研究了大连市港口物流与经济增长的关系，结果显示，大连市港口物流发展与经济增长之间存在长期稳定的均衡关系，但短期存在失衡关系，大连市港口物流的发展促进了当地经济增长，反之则不成立。蔡素丽(2015)运用灰色系统预测理论分析福建港口物流与区域经济发展的关系，结果显示，福建港口物流的发展促进了区域经济的增长，且对第二产业经济增长影响最大，福建区域经济发展对港口物流的带动作用不明显。

另一种观点认为区域经济发展对港口物流发展有较大的影响，反之则不一定成立。胡玉莹和赵莎莎(2009)、谢京辞(2011)用 VAR 模型分别实证分析天津市港口物流、山东港口物流与当地经济发展之间的关系，研究结果显示，天津市港口物流、山东港口物流和区域经济发展都存在长期的均衡关系，天津经济、山东经济发展对当地港口物流影响显著，反之则效果不明显。樊祜广等(2012)利用协整理论分析武汉港口物流与核心腹地经济发展的关系，研究结果发现，武汉港口物流与区域经济发展之间存在长期的均衡关系，武汉经济发展对港口物流的发展具有重要的推动作用，反之则不成立。

2.2.3 港口物流发展研究

Ogundana(1974)针对西非国家主要港口发展存在的问题，提出管理及技术整合和港口投资策略的整合是促进西非国家港口发展的主要措施。Perismora 等(2005)通过研究瓦伦西亚港务局提出的“建立一个可持续的交通运输网络”项目，在工业港口建立基地，实施环境管理系统，提出一些港口当局可以应用的可持续环境管理指标体系，用于分析港口区域所有活动存在的潜在环境影响和风险，确定 21 世纪大型工业港口的相应活动，随后同一方法将应用于西班牙和欧洲的其他港口。Wiegmans 和 Louw(2011)立足于港口发展的空间和环境政策，认为在阿姆斯特丹港，港口的扩张速度正在放缓，提出盲目增加港口规模，浪费港口资源以及破坏生态环境等问题，阻碍了港口及港口企业的发展。

汪长江(2012)认为港口物流发展模式由港口管理模式和港口物流运作模式构成，当今世界典型的港口管理模式可分为三种：私人企业管理模式、政府机构和国有企业管理模式和各方共同管理模式；港口物流运作模式可分为四种：地主型物流中心模式、共同出资型物流中心模式、独立型物流中心模式、供应链型和联合型物流中心模式；根据世界典型港口物流发展成功模式，我国要发展港口物流，必须高度重视并合理规划港口管理模式，充分发挥政府的宏观指导与协调作用，做好港口物流发展的目标定位，大力发展集装箱业务，加强与航运公司的合作，积极发展国际物流中心。

黄定嵩(2007)在借鉴香港和新加坡港模式的基础上，针对广西北部湾港口的有利条件和存在的主要问题，提出发展港口物流必须建立高效的口岸服务支持系统，完善港口基础设施，提高信息化程度，整合港口资源，加快港口物流人才培养，培育港口物流企业和加快临港工业建设等建议。

朱鹏颐(2007)认为港口是发展海峡西岸经济的重要支撑，并起着带动经济发展的作用，他提出发展海峡西岸港口物流业必须深化物流管理体制改革、构建综合物流体系、培育第三方物流业、拓展港口物流联盟、建立闽台物流合作协调机制、加强物流信息化建设和人才培养。

邓春等(2012)针对海南港口物流业的特点、优势条件和存在问题,建议采取以信息化促进港口物流现代化、实施人才强港战略、引进国际化大型物流企业、整合港口资源、发挥港口群优势、加强港口基础设施建设、形成产业集聚效应等发展措施。

唐中赋等(2005)通过建立港口物流发展水平综合评价指标体系,采用主成分分析法分析上海、深圳等八个港口物流的发展水平,研究结果表明,港口物流发展与港口基础设施和腹地经济发展水平紧密相关,我国港口服务水平对港口物流发展的贡献还不高,港口物流发展对港口城市经济的拉动不明显,根据我国港口现实状况,要坚持货物运输和集装箱运输并重的思路,合理规划港口资源,提高港口服务水平。

2.2.4 港口物流协同研究

杨承新和荣朝和(2008)认为港口物流系统具有明显的协同学特征,其不仅是个复杂系统,而且还是个具有明确的目的指向性、严格的时空序列性,非平衡的动态开放系统;港口物流系统应遵循物流规律,形成质态协同、量态协同、空间协同、时间协同和总体协同的机制。

吴价宝和卢珂(2014)认为港口物流系统是一个由多个主体、多层次构成的复杂系统。他们通过构建港口物流协同度模型,对江苏沿海港口物流协同度进行研究测算,结果表明,2005—2013 年江苏沿海港口物流总体协同水平不高,但基本上呈现上升趋势,虽然其中有些波动。

李谭等(2012)引入协同理论,构建港口物流与腹地经济协同发展指标体系,测算辽宁省港口物流与腹地经济协同度。研究结果表明,辽宁省港口物流与腹地经济之间存在着协同发展关系,并随时间变化而逐渐增加,从空间上看,辽宁省沿海城市整体协同度高于内陆城市。徐玲玲和李文君(2015)通过构建重庆保税港区港口物流——区域经济系统协同度模型,研究复合系统的协同发展情况。研究结果表明,重庆保税港区港口物流与区域经济呈协同发展状况,但总体来看协同发展程度整体偏低,因此要拓展港口物流功能,提升系统有序度,促进系统协同发展,发挥港口物流对区域经济的带动作用。

何娜和李娜(2012)认为在经济全球化形势下,单一港口物流很难依靠自身特点构建竞争优势,实现港口物流区域协同发展是构建港口物流竞争优势的一种有效途径,她们在对闽南地区港口物流现状进行分析的基础上,提出统一规划、整合区域资源、扩大腹地规模、提升港口从业人员素质和物流信息化水平等措施。

张云和赵一强(2010)认为津冀港口物流存在互补的发展关系,协同发展首先要突破行政体制分割造成的"囚徒困境",在我国当前的行政管理体制下,港口协同发展不仅要依靠市场的力量,还要依靠行政的力量,多措并举,同时还可以借鉴国外先进港口的发展经验,设立跨区域的行政组织,统筹各港口的发展。

何娴(2013)在对环渤海港口物流发展的整体环境进行 SWOT 分析的基础上,提出港口物流的协同发展战略,并从政府和港口两方面提出对策建议。

2.3 福建港口物流研究

严谨(2012)认为福建物流业属于港口主导型产业,良好的港口物流不仅可以促进福建物流枢纽的建设,而且也是提升福建物流产业竞争力的有效手段,发展福建港口物流,要注重港口的定位及物流资源的跨区域整合,发展港口运输新模式,注意内河、内江与海的运输网络的构建,提高港口物流信息化水平和人员素质。

陈艺(2013)通过建立一元线性回归模型分析 1993—2012 年

福建港口物流与对外贸易的关系。研究结果表明，福建省对外贸易和港口物流有较强的正相关关系，即港口物流促进了对外贸易的发展，因此要加大福建港口物流的发展。

王健(2005)认为港口是福建物流的中心节点，构建港口物流网络体系对海峡西岸经济区经济发展具有重要意义，他应用模糊聚类分析，将海峡西岸经济区港口物流网络体系根据各个港口与城市的关系及港口特征将港口划分为三个层次：第一层次是主枢纽港，包含福州港和厦门港；第二层次是地区性重要港口，包括泉州港和湄洲湾港；第三层次是地方性中小港口，包括漳州港和宁德港。

林敏晖(2011)认为在海峡西岸经济区的格局下，福建港口物流的重要性不言而喻，福建发展港口物流的优势主要表现为口岸优势、区位优势、对台优势和区域经济优势，存在的问题主要体现在港口功能单一、对外后劲不足、港口枢纽作用不明显、港口结构不合理、港口建设不能适应经济发展的需要。发展福建港口物流要加强基层设施建设、整合港口资源、优化港口结构、强化服务意识、建立人才培养体系。

蔡怀鲁(2011)利用博弈理论分析闽台港口物流，认为只有合作才能实现资源优势互补，才能更好地应对市场竞争，提高区域港口竞争力，并针对闽台港口物流合作现状和存在的问题，提出加强闽台合作的对策：闽台产业对接、建立台海港口群、构建台湾海峡物流枢纽中心和闽台港口物流信息平台。

姚丽萍(2012)运用 SWOT 分析法分析了福建发展港口物流的优势、劣势、机遇和威胁，提出要促进福建港口物流发展，必须加快港口基础设施建设、积极发展临港工业、完善集疏运体系、拓展腹地资源、建设港口物流信息平台、整合港口资源、加大对港口物流人才的培养。

2.4 研究评价

2.4.1 对港口物流系统的研究评价

港口物流是个复杂的系统，是由多个子系统构成的整体，这些子系统相互作用、相互联系。港口物流系统面临多重竞争关系，既存在相邻港口群之间的竞争，也存在同一港口群内相邻港口之间的竞争和港口企业之间的竞争，在现代社会中它们之间不是传统的敌对关系，而是在竞争中求合作，如此才能生存和发展。在港口发展过程中，不同港口的竞争能力是不同的，一些学者通过建立港口评价指标体系对港口物流系统进行评价。

2.4.2 对港口物流的研究评价

关于港口物流的集中与分化。不少学者认为港口物流集中化是一种趋势，随着经济全球化和社会的发展，港口物流集中化越发明显。当单个港口物流发展到一定程度，其物流活动会慢慢往周边港口扩散，逐渐形成枢纽港—支线港—喂给港的层级结构。

关于港口物流与区域经济的关系。很多学者都认为港口物流与区域经济的发展具有密切的关系，一些学者认为港口物流发展对区域经济发展具有重要的影响，因为港口为地区对外贸易的开展提供了重要的通道，港口物流的发展会促进临港产业、服务业、商贸业、交通运输的发展，从而促进区域经济的发展。一些学者认为区域经济发展对港口物流发展具有重要的影响，因为区域经济的发展为港口物流带来大量的货源、港口基础设施建设、人才等，从而促进港口物流的发展。还有一些学者研究了港口物流与区域经济发展的相互关系，由于采用的研究方法和指标体系不同，其研究结果也有很大的差别。

关于港口物流发展。不同学者根据自己研究对象的不同提出了关于港口物流发展的对策措施，总结他们的观点，基本都提到了要加强港口基础设施建设、整合港口资源、提高港口信息化程度和人才培养力度。一些学者主张通过建立港口物流发展水平综合评价指标体系对港口物流进行评价，有针对性地提出了解决问题的措施。

关于港口物流协同。不少学者认为港口物流是个复杂系统，具有明显的协同学特征，当前对港口物流的协同研究主要集中于协同发展策略等定性研究，少部分定量研究主要集中在港口物流与腹地经济的发展关系上，运用协同学理论，通过构建协同模型，测算港口物流协同度的定量研究较少，特别是用于研究福建沿海港口物流协同度的几乎没有。

2.4.3 对福建港口物流的研究评价

福建省拥有优越的港口资源，地处海峡西岸，福建沿海港口是我国五大港口群之一的东南沿海地区港口群，是连接我国经济最为活跃的长江三角洲地区和珠江三角洲地区的重要的水上通道。由于福建省经济是典型的外贸导向型经济，不少学者都意识到港口物流对福建经济发展的重要性，一些学者也意识到由于福建省港口资源丰富，经济腹地有限且存在交叉，必须对福建港口资源进行整合和分层，坚持走协同发展道路，才能避免恶性竞争，提高福建港口物流整体竞争力。还有一些学者较为系统地分析了福建港口物流的发展现状，并针对现状提出自己的建议。

综上所述，港口物流系统是个复杂系统，由许多子系统构成，具有协同学特征。港口物流的发展与区域经济的发展具有十分密切的关系，在发展港口物流的同时要重视港口的可持续发展，避免港口资源的浪费。当前把协同理论用于福建港口物流的研究较少，且主要集中在协同发展策略上。基于协同学理论，构建港口物流系统的协同发展模型，测算福建沿海港口物流系统各子系统的有序度及复合系统协同度的研究目前还没有看到。

2.5 本章小结

本章从港口物流系统、港口物流和福建港口物流研究这三个方面入手,将近期国内外的相关文献进行归纳和整体,为后面的论述打下了基础。

当前对港口物流系统的研究主要集中在港口物流系统竞合和港口物流系统评价这两个方面。

对港口物流的研究,主要集中在港口物流的集中与分化、港口物流与区域经济关系、港口物流发展和港口物流协同这四个方面。

对福建港口物流的研究,主要针对福建港口物流发展现状进行对策分析。

最后针对港口物流系统、港口物流和福建港口物流的研究展开评价。

3

概念的界定及研究的理论基础

3.1 研究概念体系的界定

3.1.1 港口

1. 港口的定义

根据《中华人民共和国港口法》规定，港口是指具有船舶进出、停泊、靠泊，旅客上下，货物装卸、驳运、储存等功能，具有相应的码头设施，由一定范围的水域和陆域组成的区域。港口可以由一个或者多个港区组成。由此可见，港口是连接水陆交通重要的集结点，也是物资转运的重要中转站，是国际物流的重要组成部分。随着经济全球化的发展和深化，港口的功能早已从货物的换装中转这一单一功能发展到集仓储、配送、集散、信息服务等多项服务为一体的综合性的功能，成为全球资源配置的枢纽。

按照港口所处位置不同，港口可以分为海港、河港和河口港。海港一般位于开敞的海岸边或天然掩护不足的海湾内，如大连港、青岛港等，本研究所涉及的港口主要指海港，厦门港、福州港、泉州港、湄洲湾港等都属于海港。河港一般位于天然河流沿岸，如我国长江、黄河沿岸的港口。河口港一般位于河流入海口，可兼为海船和河船服务，水陆交通便利，承担大量的货流量，如我国的上海港、荷兰的鹿特丹港等。由于港口涉及公共利益和国家安全，世界上各个国家一般对港口都实行严格的管控，特别是海港，由于其位置更为特殊，货运量大，往往牵涉国际货运，措施更为严格。

2. 港口的功能

(1)物流服务功能

节点和线路构成了物流网络，在国际货物运输中，港口是重要的节点。要发挥港口的竞争优势，港口的服务不应局限于只在一个点上服务，还应拓展辐射港口内外腹地的运输服务功能，形成一个完整的物流网络。港口可以为水陆联运、海铁联运、多式联运、航空等货物运输提供中转、装卸、仓储、运输和配送等物流服务,甚至还可以提供流通加工的物流服务。

中转功能。这也是港口最原始的功能。港口是连接陆地和海洋的关键环节,是水路运输和其他运输方式相互转换的重要节点,是货运与客运的集结点。由于中转运输可以节省时间,提高运输效率,许多枢纽港口都把发展中转业务作为自己的战略发展目标。因为集装箱在货物运输中具有突出的便捷性功能,随着经济全球化的蔓延,国内外许多港口都把集装箱中转业务作为衡量港口竞争力的重要因素。对于港口来说,中转相当于增加了装卸量,如果按照出口货物一卸、一装,进口货物一卸、几装来说,同样的一批货物在中转过程中增加了装卸搬运次数,可以给港口带来营业收入。

装卸搬运功能。装卸搬运是物流的附属性活动,但又是出现频率最高的一种物流活动,对于港口来说,装卸搬运功能是港口最主要的功能活动之一。特别是对于沿海港口来说,既可能面临大型的集装箱货轮,也可能面临大型的散装货轮,没有现代化的装卸搬运设施是行不通的。装卸搬运作为物流的一个重要组成环节,其运行效率直接影响货物在港口中的疏散速度和吞吐能力。在国际货物运输中,海洋运输占有绝对的优势是因为其运费比较便宜,但装卸费占运费的比重却比较高,有的甚至可以达到近50%。

仓储功能。仓储是港口必不可少的一个功能,随着现代技术的发展和对物流成本的控制,水路运输使用的船舶越来越向大型化、现代化方向发展,港口的仓储能力显得越发突出。以中海集团“中海环球”号货轮为例,其被誉为世界上最大的集装箱货轮之一,可装载19 100个标准集装箱,这么大的装载量和卸载量需要港口有较大的仓储能力。港口的仓储按功能可以分为转运仓储和库存仓储,转运仓储货物停留的时间较短,库存仓储货物停留的时间相对较长。由于港口装卸的货物种类繁多,形态各异,对仓储条件的要求各不相同，既有煤炭、粮食等散装货物，也有石油等液体物质，还有集装箱等大件物体，需要不同的仓库条件。

运输及配送功能。随着社会商业环境的变化，电子商务等新业态蓬勃发展，客户需要港口提供的服务在发展，配送是港口为满足客户需求而延伸的港口物流末端的活动。通过运输和配送功能，港口能够满足客户需要将货物顺利转移到客户手上。

(2)信息服务功能

信息化是现代物流区别于传统物流的重要特征。随着现代技术的发展和社会的进步，客户个性化、多样化需求增加，客户对港口所提供的服务要求在提升。不仅要求港口提供高效率的物流作业活动，还要求港口提供及时、准确的货物信息、航班信息、价格变化等。这要求港口必须加快信息化应用，加强信息网络、通信等基础设施建设，提高信息处理水平，建立及完善物流信息平台，推进信息化与港口生产、服务、管理各环节全过程融合，提供港口物流的全过程动态信息服务。推进港口公共信息服务平台建设，完善港口、航运、货主、代理、口岸监管部门间的电子数据联网交换(交通运输部，2014)。

(3)其他增值服务功能

沿海港口往往会涉及货物的通关问题，客户往往也会要求港口能够提供通关的增值服务，港口可以发挥自身优势帮助客户对货物实施通关的服务，提高货物通关效率，减少很多不必要的等待时间，以吸引客源。有条件的港口可以充分发挥保税港区、综合保税区、自由贸易试验区的政策优势，依托港口主业大力发展港航信息、贸易、金融、保险、法律、咨询等增值服务。除此之外，港口还可以为暂时停泊的船只提供能源补给、食品供应、船舶检验检修等辅助功能。

3.1.2 港口物流

1. 港口物流的定义

随着世界经济的快速发展和国际贸易的频繁发生,港口成为国际货物运输的重要节点,是物流网络的重要组成部分,也是稀缺资源,物流是现代港口的重要发展方向,因此各国政府和学者都很关注港口物流的发展。但到目前为止,对于港口物流的定义并没有形成一致的意见,我国国家标准《物流术语》确定了物流活动中的物流基础术语、物流作业服务术语、物流技术与设施设备术语、物流信息术语、物流管理术语、国际物流术语及其定义,但也没有港口物流的定义。

许培星(2004)认为港口物流是中心港口城市利用其自身的口岸优势,以先进的软硬件环境为依托,强化其对港口周边物流活动的辐射能力,突出港口集货、存货、配货特长,以临港产业为基础,以信息技术为支撑,以优化港口资源整合为目标,发展具有涵盖物流产业链所有环节特点的港口综合服务体系。徐金伟(2004)认为港口物流是指以建立货运中心、配送中心、物流信息中心和商品交易中心为目的,将运输、仓储、装卸搬运、代理、包装加工、配送、信息处理等物流环节有机结合,形成完整的供应链,能为用户提供多功能、一体化的综合物流服务。龙筱刚(2011)认为港口物流是指港口城市利用口岸优势,强化对港口周边的辐射能力,突出港口集货、存货、配货的特长,以临港产业为基础,以信息技术为支撑,以优化港口资源整合为目标,发展涵盖物流产业链所有环节的港口综合服务体系。

综合以上学者及其他学者对港口物流所下的定义,本研究认为,港口物流是指港口城市利用其口岸优势,强化其辐射能力,发挥港口集货、存货、配货的特长,优化港口资源,为用户提供物流产业链所有环节的港口综合物流服务。

2. 港口物流的特点

(1)物流量大

海运因为运输量大、成本低,成为国际货运的主要运输方式。随着市场竞争的加剧,为降低物流成本,当前海运船舶不断朝着大型化、专业化方向发展,不管是散货轮还是集装箱货轮,都使港口成为货物大进大出的集散地。

(2)专业化

由于海运船舶不断朝着大型化、专业化方向发展,为提高装卸效率,港口物流也必须朝着专业化、机械化方向发展。除了装卸搬运,港口还涉及仓储、运输及配送、信息等基本服务,以及通关、代理等增值服务,是集货物、技术、资本、信息于一体的多方面综合服务体系。因此,现代港口物流的运营必须走向专业化。

(3)信息化

港口物流活动涉及面广,牵涉码头、发货方、收货方、货代、船公司、海关、商检、保险等主体,信息在各主体之间的传递是必要的。为提高信息传递效率和准确性,港口物流必须实现信息化。随着电子数据交换、自动识别技术、数据库技术等信息技术的发展及港口物流信息平台的建设,港口可以成为信息中心,提供港口物流的全过程动态信息服务,实现相关企业和政府管理机构之间的信息共享。

(4)国际化

国际贸易全球化促使港口成为国际贸易的重要节点,由于沿海港口的发展对港口城市经济的发展具有重要的带动作用,各级政府都很重视沿海港口的开发和建设,导致相邻港口之间的竞争异常激烈,迫使港口要积极参与国际竞争,开辟更多的国际航线,扩大港口的辐射能力,吸引更多的货源,并不断延伸物流服务。当前沿海港口物流基本都牵涉国际物流服务,如对进出口商品代理报关业务、协助通关、商检、暂时储存、搬运和配送等服务。

3. 港口物流的作用

(1)促进区域经济发展

港口是区域经济的一个重要组成部分,一般来讲,一个地区贸易的波动会影响到航运业,进而影响港口经济的发展。港口物流的发展,可以带动港口经济的发展,进而带动港口城市及区域经济的发展。因为港口是货物集散中心,港口物流的发展,可以吸引大量的资金、技术和人才在港口周边和地区聚集,同时港口物流又是关联性很强的一个行业,其发展可以带动相关行业的发展,如建筑业、贸易业、商业、金融业、保险业等,为地区经济创造产值、国民收入、税收及就业机会。据测算,中国港口每百万吨吞吐量可创造 1 亿元以上的 GDP 和 2 000 人的就业机会(大连日报,2010)。

(2)推动区域产业结构调整

物流属于服务性行业,一般将港口物流列入生产性服务业范畴。港口物流对区域经济的影响,不仅表现为港口城市经济产值或国民收入的增加,还会促进港口城市产业结构的调整,推动区域产业结构升级。港口是国际贸易的重要中转地,国际贸易涉及国与国之间的商品往来,情况复杂,不仅仅只是简单的货物地理位置的转移,涉及许多相关环节,如保险、通关、检疫检验等,需要许多相关行业的配合。因此港口物流的发展会带动与港口相关联的服务性行业的发展,如金融、保险、代理、房地产、商业等,提高这些行业在区域经济所占的比重和就业的增加。同时港口独特的地理位置会促进临港工业的发展,如造船业、贸易、钢铁、石化等,吸引临港工业上下游企业向港口聚集,形成产业集群,客观上促进了临港工业产业链所涉及的劳动力、资本、技术、设备的有效整合和资源配置,推动区域产业结构调整和升级。

(3)提升港口城市地位

由于海港地区是区域经济高度聚集的地方,世界各国都十分关注港口城市的建设。港口物流的发展不仅会吸引大量的货源往港口聚集，吸引更多船只的停靠和更多航线的开辟，也会吸引大量的资金、劳动力等要素，从而扩大港口城市商业服务的规模，增加港口城市商业服务的价值，提升港口城市的影响力和地位，使港口城市成为区域中心城市。这也是世界上许多港口城市的发展历程，如新加坡市、中国香港、鹿特丹等，它们都是通过港口构筑国际大流通枢纽，大力发展港口物流，推动港口物流社会化、专业化，拓展港口物流的增值服务，成为国际航运中心，才形成今天的城市地位，所谓"以港兴市"。

4. 影响港口物流发展的因素

地球总面积的71%是海洋，其中分布着许多港口，但每个港口由于其所处的环境和条件不同，并非所有的港口都适合发展物流业。影响港口物流发展的因素主要有以下几点。

(1)地理环境

地理环境是指一定社会所处的地理位置及与此相联系的各种自然条件的总和，包括气候、土地、河流、湖泊、山脉、矿藏以及动植物资源等。港口所处的地理位置往往决定着港口在国家政治、军事及国民经济中的地位，会对其开发价值和发展空间造成影响，直接影响港口的物流量，如我国的上海港、深圳港、宁波港，因为地处我国经济发展最为活跃的长江三角洲和珠江三角洲地区，所以腹地资源丰富，港口物流量大，具有重要的战略地位。同时港口所面临的自然条件，如气候、水域面积、深水条件、海湾形状等也会影响港口的开发价值及发展空间，对港口物流的发展造成影响，如是否避风良好、不冻不淤，能否开发深水泊位等，福建的沿海港口都属于自然条件良好的天然深水良港。

(2)港口硬件设施

影响港口物流的硬件基础设施条件一般包括泊位数量、泊位长度、航道水深、靠泊装卸设施设备、运输设备、堆场面积、仓储中心面积、通信设备、港内铁路和道路交通设施等。港口硬件基础设施条件决定了港口的生产能力，也影响着港口的吞吐能力，制约着港口物流的发展空间，是港口生存和发展的基础。

(3)港口管理水平

当前随着港口资源的不断开发，我国甚至全球范围内港口之间的竞争已经从港口硬件基础设施的竞争转变为港口管理水平的竞争。现代港口除了提供中转、装卸、运输、临时储存等基本物流服务和信息服务外，还必须根据客户个性化需求，提供高标准、差异化的增值服务，如通关、代理、金融、保险等。港口管理能力决定了港口能提供的服务项目、服务质量及效率，直接影响着班轮、货船的停靠意愿，影响着港口物流量。当前全球范围内港口的竞争都很激烈，就以我国来说，目前已形成了环渤海海湾港口群、长江三角洲港口群和珠江三角洲港口群这三大港口群，不仅港口群之间的竞争很激烈，同一港口群内港口之间的竞争也很激烈。在各港口硬件基础设施不断完善的过程中，港口管理水平的竞争就显得更为重要。

(4)港口城市及腹地经济基础

港口所依托的中心城市的经济发展状况、对外贸易水平及产业结构会对港口物流的规模及结构产生影响，因为城市经济的发展必然造成货物的大量进出，而其中相当一部分是由港口完成的。福建省四个沿海港口中，厦门港的货物吞吐量一直居于首位，这跟厦门市经济发展状况有直接的关系。另外，港口城市的经济发展状况也会影响港口的基础设施建设，间接影响了港口物流的发展。港口城市经济发展状况好，自然会重视和加大基础设施的投资力度，也包括港口基础设施的重视程度和投资力度。港口城市经济发展状况好，还会吸引更多的人才和资金，促进港口物流的迅速发展。另一方面，港口腹地的工业基础、经济发展状况、产业结构、对外贸易等因素也会影响港口物流的规模和结构，腹地经济基础是港口物流发展的重要支撑。港口腹地面积大、经济发展好，会给港口带来源源不断的货源，促进港口物流的发展。

(5)国家政策和国际经济环境

港口是国家基础设施的重要组成部分,在现代物流中扮演着非常重要的角色,也是一个国家对外开放的窗口之一,在对外贸易中占有重要的地位。因此每个国家都很重视港口的开发和建设,也会出台一些国家政策和港口管理办法来加强和支持港口物流的发展。例如,香港和新加坡之所以能成为亚洲最大的两个自由港是因为没有关税壁垒,21 世纪初韩国政府制定了一系列吸引国际中转货物的政策,使釜山港的货物吞吐量迅速增加,成为世界大港的后起之秀。一般来说,国家政策扶持力度较大的港口,往往在国际海运中拥有资源、资本、技术等优势,发展速度较快,发展空间也大,对港口物流的发展产生重要影响。港口物流的发展还受到国际经济环境的制约,国际经济环境较好,则国际贸易发生频繁,进出口额会增加,港口货物的吞吐量也会增加。

3.1.3 港口物流系统

1. 港口物流系统的定义

港口物流是个复杂的系统,由多个子系统构成。王玲等(2005)、魏然(2005)认为港口物流系统是国际和地区综合物流服务链中的重要环节,它以满足客户需求为最终目的,以对港口相关的物流活动和物流信息进行有效的计划、实施与控制为手段,从而实现货物在港口的高效率、高效益的装卸、集疏和物流服务增值。港口物流系统由基础设施子系统、物流信息子系统、物流运营子系统、临港产业子系统和协调支持子系统等构成,各子系统间相互联系、相互作用。

莫宝民(2009)则对港口物流系统下了更全面的定义,认为港口物流系统是由提供港口物流服务的码头设施、仓储设施、集疏运条件、运输车辆、搬运设备和工具、通信设施和网络、港口作业及管理人员、口岸配套服务设施体系和港口后方物流园区、物流配送中心、集疏运系统及其信息系统等相互影响、相互制约的若干动态要素组成的具有特定功能的有机整体。港口物流系统具有社会性、开放性和层次性等特征。

综合以上学者的观点，本研究认为港口物流系统是由相互影响、相互作用的港口基础设施系统、信息系统、运作系统和协调支持系统等构成的，支持港口相关物流活动和其他活动的有机整体。

2. 港口物流系统的构成

(1)港口基础设施子系统

港口基础设施是港口物流活动的物质基础，为港口物流的正常运行提供基本的支撑，由港口物流活动所必需的设施和设备组成，主要包括航道设施、码头、堆场、仓库等生产设施、码头装卸设备、运输工具及集疏运设施等。

(2)港口物流信息子系统

由于港口物流系统涉及多个主体，如码头、货主、船公司、货代、物流企业、商检、海关、银行、税务等，各主体之间信息的传递直接影响港口物流的运行效率。港口物流信息子系统是维持港口内部系统正常运作的信息支持系统，也是保障港口与港口相关主体之间信息传输的支持系统。

(3)港口物流运作子系统

是港口物流系统的核心，包括港口物流操作和管理。港口物流操作是港口物流所提供的基本作业能力，包括装卸、仓储、运输、包装、集货等作业活动。港口物流管理是对港口物流工作的计划、控制和实施。由于港口物流涉及的主体较多，港口基本操作往往面临多个主体的协调，港口物流运作子系统对港口物流系统的能力和效率影响很大。

(4)协调支持子系统

由于绝大多数的港口物流都属于国际物流，流程较为复杂，涉及海关、检验检疫、税收等政府部门，再加上港口的行政管理部门和行业协会等，对港口业务活动起监督、协调和管理的作用，构成了港口物流系统的协调支持子系统，为港口物流系统的正常运行和持续发展提供了有力政策、法规等方面的支持。

3. 港口物流系统的特点

(1)复杂性

港口物流系统的复杂性主要表现在以下四点。一是港口物流信息量大，由于港口物流涉及主体较多，信息需要在多个主体之间进行传输，因为绝大多数还涉及国际物流，也牵涉到很多国际贸易单证的传输。以出口拼箱为例，就涉及箱号等信息在港口货运站、货主和货代之间的传递；进仓单号、货代、船名、航次、提单号、数量、重量(体积)等信息在货运站、货主、拖车公司之间的传递；货物出现退关、退港等现象时，相关信息还要在海关、货运站、货代和货主之间传递。一般外贸出口货物，如果一艘船装五六百票货物，每票货物仅统计品名、件数、重量、体积这四项信息，货物信息量就达到 2 000 多项。二是船舶、货物进出港口受限，如外贸船舶进港前必须申报，并经港口行政管理部门批准后才能靠港；受到限制的一些货物进口时还要经过海关、检疫检验部门检查、缴纳税收才能进港；一些货物出口也会受到海关查验等。三是港口生产的不连续性，目前出于降低运输成本考虑，货船出现了大型化、专业化的倾向，除了班轮，还有不少不固定期限的货轮，有时会集中在某个时间段停靠码头，给港口装卸、运输等工作带来很大的压力，有时码头又没什么货轮停靠，造成港口生产的不连续性，给指挥和组织带来困难。四是港口操作的多环节性，货物进出港口流程复杂，环节多，每一环节没有完成好都会影响到下一环节的正常进行，影响货物的正常进出口。以出口为例，货物先要进港，各项单证手续齐全，海关同意，才可以装上船，仅装船作业就需要岸桥、轮胎吊、集卡等装卸运输工具的配合，才能提高效率。

(2)开放性

港口物流系统不仅内部结构复杂,而且与外部环境联系紧密。一方面表现在港口物流系统对所有有港口服务需求的用户开放,包括货主、船公司、船代、货代、拖车公司等,港口要向货主、船公司等提供高质量的服务,同时也要与货代、船代、拖车公司等保持良好的沟通和联系,才能提高港口的运营效率;另一方面表现为港口物流系统的发展容易受到外界因素的影响,如港口城市的经济发展、产业结构调整、生产力布局、对外贸易发展、科技发展状况、政策制定等都会影响港口物流的发展。

(3)时空性

港口物流系统容易受到时间序列和空间布局的制约,并且会随着时间和空间的变化而发生相应的变化,在同一空间不同时间可能会呈现不同的变化,在同一时间不同空间可能变化也不同。大的船公司一般会对港口的作业效率、离港时间预报准确性进行评价,作为船舶停靠港口的一个评价因素。为吸引船公司停靠,港口一般都会进行一定的承诺。要想提高服务质量,港口对船舶装卸作业在时间和设备上的安排就显得很重要。除了时间上的制约,港口物流还受空间上的制约,货物一般会在装船前三四天开始陆续到港,在船舶靠港比较集中的时间,港口堆场空间会随着收货量的增加逐渐紧张起来,当船期比较集中的船舶陆续离港后,港口堆场空间在某个时间段又逐渐释放出来。从功能来看,港口物流系统主要有装卸、运输、仓储、包装、配送、信息传递等子系统,为提高港口运营效率和服务质量,这些子系统必须根据实际情况形成先后有序的整体,在时间上和空间上实现平衡。

(4)层次性

主要表现在港口物流系统由多个子系统构成,这些子系统具有层级关系,如港口基础设施子系统是基础,港口物流运作子系统是核心,是港口核心竞争力的体现,港口基础设施子系统为港口物流运作子系统提供物质保障;港口物流信息子系统为港口物流运作子系统提供信息支持，可以加快信息流在港口相关主体间的流动；协调支持子系统为港口物流运作子系统提供政策、法规方面的支持，人才、技术上的保障等，有利于港口物流系统整体效率的提升。

3.2 研究的理论基础

3.2.1 复杂系统理论

1. 对复杂系统理论的理解

随着现代技术和社会的发展，世界复杂性日益被发现，一般系统理论已很难适用，兴起了复杂性科学研究的热潮。复杂系统理论是系统科学中的前沿方向，强调用整体论和还原论相结合的方法来分析系统，这与传统的用还原论来分析系统的研究方法是不同的。20 世纪 70 年代，比利时学者普利高津提出的耗散结构理论，德国学者哈肯提出的协同学理论，都认为一个复杂系统是由大量互相作用的基本单元组成的，一个远离平衡状态的非线性开放系统通过与外界环境进行物质和能量的交换，在系统内部某个参量的变化达到一定的阈值时，系统可能出现从无序到有序的转化。复杂系统一般具有一些共同的特点：(1)开放性，系统不断与外界环境进行各种物质和能量的交换；(2)层次性，世界上所有的事物都自成系统，但又归属于更高层次的系统；(3)非线性，组成复杂系统的基本单元相互作用，导致系统可能存在无序或有序状态；(4)自适应性，复杂系统在与外界发生作用的过程中，组成系统的基本单元通过相互作用，使系统自组织地实现从无序到有序的转化。

2. 复杂系统理论对港口物流发展的解释

港口物流系统是个多主体、多层次的复杂系统，由许多子系统构成。港口物流系统主要由基础设施子系统、物流操作子系统、物流运营管理子系统、协调支持子系统等构成，港口物流系统又是物流系统的一个子系统，非线性渗透港口物流系统的各个领域。随着船舶制造的大型化和专业化发展，对港口的装卸和仓储造成很大的影响，要求港口必须适应货物骤然升降的变化，提供适合这种变化的各种服务。港口物流系统的各个子系统之间以多种方式产生复杂的非线性并相互作用，导致其在空间和时间上产生复杂的各种关联结构，使得整体不再简单地等于部分之和，可能出现收益增加或亏损。港口物流系统的最终目标是满足客户需求，实现在港口货物的装卸、运输、仓储、中转、流通加工等其他增值服务。港口物流系统的各个子系统之间相互作用，使港口物流从无序走向有序。在港口物流复杂系统中，基础设施子系统是物质基础，为港口物流的正常运营提供基本的硬件条件；操作子系统是核心，保证了港口物流的主要产出；运营管理子系统是提高港口运营效率和服务质量的保证；协调支持子系统为港口物流的发展提供政策上的支持及帮助、管理监督等，对港口物流的发展起到促进作用。同时港口物流系统的发展离不开外界环境，港口城市经济发展状况、产业条件、腹地条件等对港口物流的规模产生很大的影响。

3.2.2 竞合理论

1. 对竞合理论的理解

竞合(Co-opetition)的英文单词是竞争(Competition)和合作(Cooperation)两个英文单词的缩写，即合作竞争。竞合理论起源于1996年耶鲁大学教授Nalebuff和哈佛大学教授Brandenburger的一项专题研究，他们通过大量的例子反映了竞争与合作之间的相互作用，认为企业可以通过合作变得更具竞争力，并指出那些致力于共同或相似市场的企业应该通过合作来参与竞争，以提高整体的市场支配能力，最终实现共同谋求更大利益的双赢战略。此后，越来越多的专家学者开始投入竞合理论的研究。Padula和Dagnino(2007)认为在企业间的相互依存关系中，竞争和合作问题同时存在，并且紧密联系在一起，竞争问题的存在影响到相互之间的合作。

竞争与合作看似矛盾，但在现代企业经营中却是无法避免的。传统企业的经营战略往往过分强调企业之间的竞争，竞争对手之间强调敌对关系，一方经济利益的产生往往伴随着另一方经济利益的损失。随着市场竞争的加剧，现代企业之间的竞争已慢慢演变为供应链之间的竞争，供应链管理强调上下游企业之间的信息共享与合作。因此，现代企业除了必须正视企业间的竞争关系，还要重视相互之间的合作，竞争并不排斥合作。竞合理论主张竞争主体之间的双赢策略，强调竞争主体间的优势互补，通过与竞争对手的合作带来更多的资源和机会，扩展企业的经营领域，巩固和提升企业的市场竞争地位，竞合有助于提升竞争的效率。

2. 竞合理论对港口物流发展的解释

港口是物流系统的重要节点，在供应链中的作用日益突出。在我国东部沿海分布着大量的港口，当前各大沿海港口都在竞相扩大规模，加大基础设施投入和建设，而港口资源的巨大投入需要扩大港口货物的吞吐量来获得回报。目前我国各大沿海港口基本上属于腹地型港口，极个别属于中转型港口，严重依赖于腹地经济的发展和腹地货源的增加，在腹地经济没有实现跨越式增长的情况下，沿海港口陷入了抢夺腹地货源的恶性价格竞争。其中既包括港口群之间的竞争，也包括同一港口群内港口之间的竞争及港口企业间的竞争。不断加剧的价格竞争，给各个港口带来沉重的负担，影响港口物流的良性发展，降低港口物流的竞争力，严重浪费了港口资源。为合理利用港口资源，提升我国及区域港口物流的竞争力，实现港口利益最大化，用竞合理论来研究我国及区域沿海港口的竞争与合作行为是有必要且合理的。遵循竞合理论，各沿海港口在竞争中必须不断调整自己的行为，注重长期发展目标，在竞争中求合作，通过港口间的合作克服港口区域的经济、规模、设施条件的限制，实现优势互补，资源共享，促进港口物流的协同发展，提升我国港口物流的服务水平和整体竞争力。

3.2.3 协同理论

1. 对协同理论的理解

1971 年，联邦德国斯图加特大学哈肯教授最早提出了协同的概念，并于 1976 年系统地论述了协同理论，他认为客观世界的各种事物存在着有序和无序的状态，在某一特定条件下二者之间可以进行相互转换，无序就是混沌，有序就是协同。哈肯在协同论中，阐述了临界点附近的行为和序参量的概念，他认为事物的演化受序参量的控制，当系统是无序时，序参量为零，序参量随外界条件的变化而变化，当序参量到达临界点时，序参量增长到最大，此时系统就出现了一种有序的结构。协同论认为客观世界存在很多系统，尽管各系统属性不同，但各系统间存在着相互影响而又相互合作的关系，在特定条件下可以实现整体的最优效益。系统能否发挥协同效应是由系统内部各子系统的协同作用决定的，如果一个系统内部各子系统及组分之间相互协调配合，就能产生“1＋1＞2”的整体效应；如果一个系统内部各子系统及组分之间时常存在摩擦或矛盾状态，造成系统内耗增加，系统内部各子系统就难以发挥应有的功能，整个系统就陷入混沌状态。当今世界经济一体化已席卷全球，市场竞争的变化对企业提出了更高的生产和服务要求，企业系统要想生存和发展，除了协同好内部各子系统之间的关系，也要协同好外界的力量。

2. 协同理论对港口物流发展的解释

1992 年，联合国贸易和发展会议在《港口服务销售和第三代港口的挑战》一文中将港口发展分为三个阶段，分别是作为运输枢纽中心的第一代港口，作为装卸服务中心的第二代港口，以及作为贸易和物流中心的第三代港口。为顺应世界经济及供应链管理发展的需要,1999 年又提出了第四代港口的概念,第四代港口以集装箱运输为主,以港航联盟和港际联盟为发展策略,强调港口之间的互动及以港口为主要支点的供应链环节之间的衔接。从港口的发展变化可以看出当前港口的竞争模式已不再局限于传统的单个港口的市场竞争行为,逐步转向港口必须更多地加强与外部资源之间的联系和交流,加强港口之间的互动和合作。基于协同理论,为实现低浪费和高效率,避免相邻港口之间的恶性价格竞争,推动港口物流系统从无序走向有序,经济结构相似的区域内港口可以通过组建港口群的形式实现共同发展,组成港口群的港口要发挥各自的优势,资源互补,同心协力,推动港口群系统从无序达到有序的状态,从而实现整个港口群的效应大于单个港口发挥的效应之和,达到最优效果。

日本东京湾港口群内有东京港、千叶港、川崎港、横滨港、木更津港和横须贺港这六个重要港口,通过港口资源的整合,现已形成分工合作,优势互补,具有较大竞争力的整体,将各港口的竞争转换成了整体合力。

为加强港口规划和管理,合理利用和有序开发有限的海岸线资源,2006 年交通部与国家发展和改革委员会联合组织编制《全国沿海港口布局规划》,根据不同地区的经济发展状况及特点、区域内港口现状,将全国沿海港口划分为环渤海、长江三角洲、东南沿海、珠江三角洲和西南沿海五个港口群体,福建几个沿海港口组成了东南沿海港口群。借助港口群的划分,实现港口群内部港口和港口群之间的港口分工合理、优势互补、相互协作、竞争有序、高效利用港口资源。

3.2.4 增长极理论

1. 对增长极理论的理解

增长极理论是由法国经济学家佩鲁在 1950 年首次提出的,他在《经济空间:理论与应用》一文中提出经济空间的概念及应用,经济空间是一种抽象的经济关系,是存在于经济元素之间的各种经济关系,是无形的,它以一定的地理空间为基础,但不局限于特定的地域范围。佩鲁认为增长并非出现在所有地方,而是以不同的强度出现在一些增长点或增长极上,如果把发生支配效应的经济空间看作力场,那么位于这个力场中推进性单元就可以描述为增长极,增长极可以通过不同的渠道和方式向外界扩散,最终实现经济发展的均衡。随后其他经济学家丰富和发展了佩鲁的理论,佩鲁的学生布代维尔和佩鲁一样强调推动型产业在经济发展中的作用,他在《区域经济规划问题》等著作中提出推动型产业在规模扩大时,可以带动相关产业的发展,即产生"里昂惕夫乘数效应"。推动型产业的发展将使所在区域成为增长极,吸引周围其他经济活动向其集中,形成集聚经济,即产生"极化效应"。瑞典经济学家缪尔达尔对增长极的运行机制进行了补充,他在《经济理论和不发达地区》等著作中提出,增长极的出现会对周围地区产生两方面的影响:一是促使生产要素不断从周围落后地区向增长极集聚,从而阻碍周边落后地区经济发展,经济发展不平衡凸显,即回波效应;二是当增长极发展到一定程度后,增长极的推动力会促使生产要素向周围不发达地区扩散,即产生扩散效应,带动周围不发达地区经济的发展。

增长极可以分为狭义的增长极和广义的增长极,狭义的增长极有三种类型:产业增长极、城市增长极和潜在的经济增长极。广义的增长极是指能促进经济增长的一切积极因素和增长点,如制度创新点、消费热点等。增长极理论主张通过发展经济中心或推动型产业形成增长极,通过增长极的扩散效应带动周边落后地区和产业的发展,最终实现整个区域经济的发展。经过一些国家的实践,增长极理论成为研究区域经济发展的重要理论。如改革开放后我国对经济特区和沿海开放城市的设立,以及目前对国家级新区和自由贸易区的设立等，实际上就是对增长极理论的运用，希望通过给予这些地区或城市更多的优惠政策，使这些地区或城市成为经济的增长极，进而带动整个区域的共同发展。

2. 增长极理论对港口物流发展的解释

根据联合国贸易和发展会议1999年对第四代港口所下的定义，当前港口发展已经进入第四代港口阶段，港口在贸易和物流中心基础上，成为整合处理各种经济活动和信息的重要节点，是供应链的重要组成部分。一方面，由于沿海港口资源的稀缺性，港口将成为区域的推动型产业，随着港口物流的进一步发展，港口物流的乘数效应也不断产生作用，带动港口物流相关产业不断发展。港口物流及相关产业的发展吸引了大量的人才、资金、技术等资源，促使港口上下游关联产业和大量企业向港口聚集，产生极化效应，港口成为地区经济发展的增长极。另一方面，随着港口资源的开发，相邻港口物流之间也面临着发展不平衡问题，一些港口由于规模扩张及效率的提升，会产生回波效应，把周围港口的许多货物吸引过来，形成货流、船舶，特别是班轮集聚的航运和物流中心，树立枢纽港的地位，相邻港口之间差异加大。随着枢纽港的不断发展，枢纽港所在地区企业间的竞争加剧，一些企业不得不退出这种竞争，向枢纽港外围空间扩散，扩散效应一方面带来枢纽港周边地区经济的快速增长，另一方面也会引导一部分货源向枢纽港周围港口扩散，带动周围港口物流的发展，最终实现枢纽港和周围港口共同发展。遵循增长极理论，由于港口资源的稀缺性，港口可以成为地区经济的增长极，但也必须正视港口物流之间的发展不平衡问题，要根据港口拥有的资源及发展情况对港口进行合理的定位和分工，可以利用枢纽港的快速发展，带动周围港口的共同发展。

3.3 本章小结

本章首先对港口、港口物流及港口物流系统的定义进行了界定，并阐述了港口的物流服务功能、信息服务功能和其他增值服务功能。随着水运大型化和专业化的发展趋势，港口物流具有物流量大、专业化、信息化和国际化等特点。在现代社会中，港口物流的功能主要是促进区域经济发展、推动区域产业结构调整、提升港口城市地位。并非所有的港口都适合发展物流业，影响港口物流的因素主要有：地理环境、港口硬件设施、港口管理水平、港口城市及腹地经济基础、国家政策和国际经济环境。港口物流系统是个复杂系统，主要由港口基础设施子系统、港口物流信息子系统、港口物流运作子系统和协调支持子系统构成，其中港口物流运作子系统是核心，港口基础设施子系统是基础、港口物流信息子系统对港口物流运作起着信息支持的作用，协调支持子系统对港口物流运作起着政策、法规等支持和监督作用。港口物流系统具有复杂性、开放性、时空性和层次性等特点。

其次，提出本研究的四个理论基础：复杂系统理论、竞合理论、协同理论和增长极理论，分别阐述了对这四个理论的理解及这些理论对港口物流发展的解释。港口物流系统是复杂系统，由多主体、多层次的子系统构成，在港口物流系统中相邻港口间存在竞争和合作，但港口在发展过程中也存在集中和分化的现象，只有协同发展才能提高整个港口群的竞争力，使港口成为区域经济的增长极。

4

福建沿海各港口物流发展现状分析

4.1 福建沿海港口的变迁

一直以来，福建省沿海港口资源都是以行政区划来划分和管理的，主要有福州港、厦门港、泉州港、莆田港、漳州港和宁德港六大沿海港口。2009年，为贯彻落实国务院《关于支持福建省加快建设海峡西岸经济区的若干意见》的重大举措，更好发挥福建港口的资源优势，福建省政府审议通过《福建省港口体制一体化整合总体方案》。积极整合港口资源，加快建设海峡西岸北部、中部、南部三大港口群，北部以福州港为主体，整合优化福州港和宁德港，主要覆盖三都澳、罗源湾、福清湾、兴化湾北岸等港湾；中部以湄洲湾港为主体，整合优化泉州港和莆田港，主要覆盖湄洲湾、兴化湾南岸、泉州湾等港湾；南部以厦门港为主体，整合优化厦门港和漳州港，主要覆盖厦门湾和东山湾。设置跨福州和宁德行政区划的福州港口管理局、跨泉州和莆田行政区划的湄洲湾港口管理局、跨厦门和漳州行政区划的厦门港口管理局，形成具有港政、航政、水路运政及名称、机构、规划、建设、管理、服务"六统一"的三大港口管理机构（潘绣文，2009）。

由于泉州港自唐宋以来就是中国最著名的进出口大港之一，在国内外知名度高，其年货物吞吐量远大于湄洲湾港，2011年泉州港货物吞吐量约为湄洲湾港的两倍，因此舍弃"泉州港"名称，改用"湄洲湾港"名称，引起群众强烈反响。2012年4月7日，福建省政府专题会议强调，湄洲湾港口管理体制改革主要涉及港口、航道的管理体制，不影响港口名称、地位和作用，保留泉州港名称，保留泉州市港口管理局，并对所辖范围内港口、航道实施管理（许雪毅，2012）。事实上泉州港和莆田港并没有实现整合的预定目标。2015年2月12日，中共福建省委办公厅和福建省人民政府办公厅发布《关于进一步深化港口体制机制改革的若干意见》决定将莆田市港口管理局并入省湄洲湾港口管理局，泉州市港口管理局成建制移转省交通运输厅直属管理，提出泉州港要充分发挥海上丝绸之路重要起点的古港优势，至此泉州港得以保留。

因此，根据现实状况，当前福建省沿海港口主要由福州港、厦门港、湄洲湾港和泉州港组成。

4.2 福建沿海各港口基础设施能力分析

福建省港口岸线资源丰富，大陆海岸线长 3 752 公里，居全国第二位，深水港口岸线资源居全国首位，拥有 7 个优良深水港湾：沙埕湾、三都澳、罗源湾、兴化湾、湄洲湾、厦门湾和东山湾。根据《中国港口年鉴 2017》数据显示，2016 年福建省港航固定资产投资完成 102.8 亿元，其中沿海码头 89.19 亿元，位居全国沿海第五；截至 2016 年底，福建省沿海港口共有生产用码头泊位 492 个，其中万吨级及以上泊位 168 个；全省沿海港口具备停靠 30 万吨级散货船、30 万吨级油轮、20 万吨级集装箱船、15 万吨级油轮及 2 万吨级滚装船的能力。

4.2.1 福州港基础设施能力分析

1. 福州港的港区组成及功能定位

福州港原来由五个港区组成，即闽江口港区、江阴港区、松下港区、罗源湾港区和平潭港区。2011 年，福建省政府正式批复《福州宁德港口管理体制一体化实施方案》（闽政文〔2011〕272 号），打破原有行政区划，将宁德港所辖的三都澳港区、赛江港区、三沙港区和沙埕港区四个港区与福州港原有港区整合，形成新的福州港，共下辖包括兴化湾（江阴）、罗源湾、三都澳在内的九个港区（胡苏，2011）。福建省福州市港口管理局对福州港九个港区的港政、航政、沿海水路运政实行统一管理。福州港各港区所辖作业区和功能定位见表4-1。

表 4-1 福州港港区组成及功能定位

港区名称	所辖作业区	功能定位
闽江口内港区	台江、马尾、青州、筹东、洋屿、松门、象屿、长安和小长门九个作业区	以能源物资、矿建、滚装、沿海内贸集装箱及内支线运输为主，兼顾对台客滚运输
江阴港区	壁头、牛头尾和万安三个作业区（是福州港的重要组成部分）	以集装箱、煤炭、散杂货和化工品等货类运输为主，兼顾商品汽车滚装运输的综合性港区
松下港区	元洪、牛头湾和山前三个作业区	依托大型粮油、饲料加工业，以发展散粮运输为主
罗源湾港区	可门、淡头、碧里、牛坑湾和将军帽五个作业区	以大宗散货运输为主，主要服务后方临港产业发展
平潭港区	金井、流水、澳前和草屿四个作业区	主要以对台客货滚装、国际邮轮停靠和服务港口物流园区功能为主，重点发展海峡客运及车辆滚装、邮轮经济和多用途运输
三都澳港区	漳湾、城澳、溪南、东冲四个作业区	主要服务环三都澳区域临港工业和闽北、赣东、浙南等地区发展，兼顾城市物资运输和船舶修造服务
白马（原称赛江）港区	湾坞、下白石、坪岗和赛岐四个作业区	主要服务后方临港工业发展，适当承担闽北、赣南货物集散，以电石煤炭和散杂货运输为主，并为地方经济和船舶工业发展服务
三沙港区	暂未划分	主要服务地方经济发展，承担散杂货运输、对台物资交流和旅客运输，兼顾城市发展所需的油品运输
沙埕港区	杨岐、八尺门和鸡母岩三个作业区	主要服务福鼎市及浙南等周边地区发展，以散杂货运输为主，兼顾城市发展所需的油品运输

说明：上表数据由福建省福州港口管理局网站资料整理而得。

2. 泊位及通航能力

合并后的福州港大陆海岸线总长 1 966 公里，占全省大陆海岸线 3 752 公里的 52.4%，规划可建港口岸线 392.6 公里，是福建省岸线资源最丰富的港口。截至2016年底，共有生产用码头泊位179个，其中万吨级及以上泊位57个，设计通过能力1.36亿吨(含集装箱259万TEU)。目前，江阴港区4号、5号泊位为福州港最大集装箱泊位，可靠泊20万吨级集装箱船舶；罗源湾港区可门作业区4号、5号泊位为福州港最大散货泊位，可靠泊30万吨级散货船(福州港口管理局，2015)。

3. 集疏运条件

福州港拥有较为便捷的交通条件。公路经104、316、324国道和沈海高速公路、福银高速公路等与全国公路网相连。铁路通过温福、向莆、合福、福马、外福线接鹰厦线、浙赣线与全国铁路网相通。福马铁路是外福线的一部分，其可直接到达闽江口港区的青州作业区；罗源湾港区的可门作业区疏港铁路已建成，可连接温福铁路；2014年江阴港区铁路支线正式开通运营，经过向莆铁路，直达江西横岗。福州的长乐机场已被国家民航局确定为"海上丝绸之路"门户枢纽机场，现已开通国内外近70个重要城市的航班。

4.2.2 厦门港基础设施能力分析

1. 厦门港的港区组成及功能定位

2005年12月，福建省交通厅发布公告自2006年1月1日起，厦门湾内原漳州港所辖的招银、后石、石码三个港区并入厦门港，与原厦门市港务管理局所辖的东渡、海沧、嵩屿、刘五店、客运等五个港区合并组成新的厦门港，厦门湾南北两岸实现了统一(赵馨等，2005)。2010年，福建省人民政府批复同意厦门港、漳州港全面整合，将漳州的古雷港区、东山港区、云霄港区和诏安港区并入厦门港。整合后的厦门港共有十个港区，各港区所辖作业区和功能定位见表4-2。合并后厦门港深水岸线将增加27公里，主要港口资源分布在环厦门湾和环东山湾。厦门港、漳州港全面整合后统称厦门港，厦门港口管理局统一管辖厦门、漳州两市行政区划内的所有港区，厦门港的定位是发展成为以国际外贸集装箱运输为主、散杂货为辅的国际航运枢纽港（林晓琪，2010）。

表 4-2　厦门港港区组成及功能定位

港区名称	所辖作业区	功能定位
东渡港区	东渡、和平和五通三个作业区	保持集装箱运输，发展国际邮轮、对台客滚，逐步拓展现代物流和航运服务功能
海沧港区	嵩屿、海沧和角美三个作业区	发展集装箱干线运输，兼顾服务临港产业，积极拓展保税、现代物流和航运服务功能
翔安港区	规划港区包括厦门新机场配套航煤码头、客运码头等作业点	以集装箱和散货、杂货运输为主。大力拓展保税和物流功能
招银港区	规划港区包括集装箱泊位区、客运滚装港池、通用泊位区、工业码头区等	以集装箱和散货、杂货运输为主，并服务临港产业发展
后石港区	后石和隆教两个作业区	主要为临港产业服务，并承担大宗散货和 LNG、石油化工品等液体散货运输
石码港区	普贤、海澄、紫泥、一比疆四个作业区	主要服务漳州地方经济，以杂货和建材运输为主
古雷港区	古雷和六鳌两个作业区	主要为临港产业服务，以原油、石化产品运输为主，兼顾散货、杂货和集装箱运输
云霄港区	基本未开发	服务地方经济和临港产业发展，以散货和杂货运输为主，兼顾滚装运输
东山港区	城垵、铜陵和冬古三个作业区	服务地方经济和临港产业发展
诏安港区	基本未开发	服务地方经济和临港产业发展，以散杂货运输为主

说明：上表数据由厦门港口管理局网站资料整理而得。

2. 泊位及通航能力

合并后的厦门港海岸线总长 899 公里，规划可建港口岸线总长约164.6公里,全港万吨级以上深水航道总长约158公里,其中主航道水深达15.5～16.0米,底宽410～450米,可满足10万吨集装箱船舶双向通航、15万吨级以上集装箱船舶乘潮通航,拥有集装箱、石油、煤炭等专用码头,最大靠泊能力达到20万吨级,具备了接待全球最大型集装箱船舶和全球最大国际豪华邮轮的港口条件(厦门港口管理局,2017)。《中国港口年鉴2017》数据显示,截至2016年年底,厦门港共有生产用码头泊位164个,其中万吨级以上深水泊位75个(含10万吨级以上泊位15个);码头货物综合通过能力1.73亿吨,其中集装箱1 033万TEU。

3. 集疏运条件

厦门港拥有便捷的集疏运网络。公路不仅可以连接福建省全省路网,而且可以通过319国道、324国道、沈海高速、厦成高速与全国公路网连接。部分港区后方拥有铁路专用线,通过鹰厦、福厦、厦深、龙厦线与全国铁路网连接。厦门高崎国际机场已成为中国东南沿海重要的区域性航空枢纽。便捷的公路、铁路和航空资源为港口货物的迅速疏散提供了良好的交通条件。

4.2.3 湄洲湾港基础设施能力分析

1. 湄洲湾港的港区组成及功能定位

一直以来,湄洲湾南北两岸港口的港务管理分属泉州、莆田两市。为加快湄洲湾南北港口开发建设进程,福建省政府研究通过《湄洲湾港口体制一体化建议方案》,并于2009年设置福建省湄洲湾港口管理局,管辖新湄洲湾港,新湄洲湾港包含四个港区,即原泉州市港口管理局所辖的肖厝和斗尾港区(湄洲湾南岸港区)与莆田市港口管理局所辖的秀屿和东吴港区(湄洲湾北岸港区)(薛辉等,2009)。

2012年3月22日,福建省人民政府正式批复《关于深化湄洲湾港口管理体制一体化改革方案》,整合湄洲湾、泉州、莆田港口管理机构，统一管理原湄洲湾港的四个港区（肖厝港区、斗尾港区、秀屿港区、东吴港区）、泉州港的三个港区（泉州湾港区、深沪湾港区、围头湾港区）及莆田港的兴化湾港区，组成湄洲湾港八大港区，湄洲湾港、泉州港、莆田港合并后统称湄洲湾港。湄洲湾港口管理局为整合后湄洲湾港的港口管理部门，统一行使泉州、莆田两市行政区划内的港政、航政的管理权，统一管辖泉州、莆田两市行政区划内的所有港区，即肖厝港区、斗尾港区、秀屿港区、东吴港区、泉州湾港区、深沪湾港区、围头湾港区和兴化湾港区（湄洲湾港口管理局，2016）。

由于泉州港自古以来就是历史名港，在国内外有很高的知名度，此整合方案引起群众强烈反响，2012 年 4 月 7 日，福建省政府专题会议研究同意仍保留泉州市港口管理局，并对所辖范围内港口、航道实施管理。2015 年泉州港口管理局归入福建省直管。考虑到在《福建统计年鉴》和《中国港口年鉴》中统计沿海港口货物吞吐量时，把肖厝港区和斗尾港区归属到泉州港，并且肖厝港区和斗尾港区在行政区划上仍属于泉州市。为保持前后统计数据的稳定性和持续性，本研究中湄洲湾港所属港区主要指湄洲湾北岸港区，即莆田市行政区划内的东吴港区和秀屿港区，其功能定位和所辖作业区见表 4-3 所示。把湄洲湾南岸港区的肖厝港区和斗尾港区归属到泉州港。

表 4-3　湄洲湾港港区组成及功能定位

港区名称	所辖作业区	功能定位
东吴港区	罗屿、东吴、盘屿三个作业区	重点发展大宗干散货运输，成为服务临港工业、中西部地区、台湾地区的重要海运口岸
秀屿港区	秀屿、莆头、石门澳三个作业区和枫亭作业点	发展对台客货滚装运输，发展 LNG、木材等临港工业散杂货、集装箱运输，形成依托莆田市、服务临港工业的综合性港区

说明：上表数据由福建省湄洲湾港口管理局网站资料整理而得。

2. 泊位及通航能力

湄洲湾港是我国东南沿海及中西部地区大宗能源及原材料运输的重要基地，与青岛、上海和宁波并列为四大国际中转港湾。湄洲湾港海岸线总长 330 公里，其中 10 米以上天然深水岸线长达 30 多公里，可建深水泊位 150 多个。根据《中国港口年鉴 2017》数据显示，截至 2016 年年底，湄洲湾北岸港区共有生产用码头泊位 45 个，其中万吨级以上泊位 11 个，泊位设计通过能力散货、杂件货物 3 603 万吨，集装箱 4 万 TEU。

3. 集疏运条件

湄洲湾港拥有较为完善的集疏运网络。公路经 324 国道、沈海高速、湄永高速和湄渝高速公路与全国公路网相连。铁路经向莆铁路、福厦铁路、漳泉铁路与全国铁路网相连，其中向莆铁路货运直抵东吴港区。

4.2.4 泉州港基础设施能力分析

1. 泉州港的港区组成及功能定位

泉州港历史悠久，在唐代时期就是中国对外贸易的四大口岸之一，是中国古代“海上丝绸之路”的始发港之一。泉州港现由五个港区组成，即肖厝港区、斗尾港区、泉州湾港区、深沪湾港区和围头湾港区，共有 14 个作业区和 5 个作业点。泉州港口管理局负责所辖港区内的港口航道的规划、建设、养护和管理及水路运输管理等工作，各港区所辖作业区和功能定位见表 4-4。

表 4-4 泉州港港区组成及功能定位

港区名称	所辖作业区	功能定位
肖厝港区	肖厝、鲤鱼尾两个作业区和峰尾作业点	以大型散杂货运输为主，兼顾集装箱、件杂货等运输
斗尾港区	斗尾、外走马埭两个作业区和小岞作业点	是大型液体散货运输为主的石化专业性港区

（续表）

港区名称	所辖作业区	功能定位
泉州湾港区	秀涂、石湖、锦尚三个作业区和崇武、内港、大岞三个作业点	以集装箱运输为主
深沪湾港区	深沪、梅林两个作业区	发展散杂货和液化天然气运输
围头湾港区	围头、石井、水头及安海、菊江、东石五个作业区	以大型散杂货运输为主，兼顾集装箱运输

说明：上表数据由福建省泉州港口管理局网站资料整理而得。

2. 泊位及通航能力

泉州港海岸线总长 541 公里，规划可开发利用的港口自然岸线 113.7 公里，其中深水岸线长达 57.2 公里，可建设万吨级（含）以上深水泊位 158 个，其中可建 5 万吨级（含）以上深水泊位 88 个。湄洲湾主航道可全天候通航 10 万吨级船舶，湾口至斗尾作业区可乘潮通航 30 万吨级油轮；泉州湾港区湾口至石湖作业区可乘潮通航 10 万吨级船舶；围头湾湾口航道可乘潮通航 10 万吨级船舶，石井通海航道可乘潮通航 5 000 吨级船舶兼顾万吨（泉州港口管理局，2013）。根据《中国港口年鉴 2017》数据显示，截至 2016 年年底，泉州港拥有生产用码头泊位 104 个，其中万吨级以上泊位 25 个，泊位设计通过能力散货、杂件货物 10 761 万吨，集装箱 136 万 TEU。

3. 集疏运条件

陆上交通条件极为便利。以漳泉肖铁路、泉三高速公路、324 国道和省道 203 线、306 线为主体的东西通道，以福厦高速铁路和高速公路、104 国道、省道 207 线、307 线、308 线为主体的南北通道共同形成了纵横交错、四通八达的立体交通网，并通过省道 201 线和城市主干道进入泉州港各主要作业区。

4.2.5 四个港口基础设施能力对比分析

四大港口主要硬件指标对比如表 4-5 所示，其中厦门港和福州港生产用泊位数量较多，万吨级以上泊位数量也多，硬件基础较好，湄洲湾港硬件基础建设较为滞后，这也制约了其港口物流的发展。从已开发港口岸线资源来看，即使发展水平较高的厦门港和福州港也仅仅开发了部分港口岸线，港口资源仍有很大的发展空间。

表 4-5 2016 年年底四个港口基础设施能力对比

对比指标	福州港	厦门港	湄洲湾港	泉州港	合计
规划可建港口岸线(公里)	393	165	68	114	740
生产用码头泊位(个)	179	164	45	104	492
万吨级以上泊位(个)	57	75	11	25	168
泊位长度(米)	25 207	29 236	5 836	15 971	76 250
港区(个)	9	10	2	5	26
泊位设计通过能力					
散杂货(万吨)	11 134	8 673	3 603	10 761	34 171
集装箱(万 TEU)	259	1 031	4	136	1 430

说明：上表数据由《中国港口年鉴 2017》、福建省港航管理局网站及四大港口管理局网站资料整理而得。

4.3 福建沿海各港口吞吐量分析

《中国港口年鉴 2017》数据显示，2016 年福建省沿海港口完成货物吞吐量 50 776.09 万吨，同比增长 1.0%；外贸货物吞吐量 20 343.01 万吨，同比增长 0.8%；集装箱吞吐量 1 440.16 万 TEU，同比增长 5.6%。

4.3.1 福州港口吞吐量分析

1.福州港货物吞吐量分析

如表 4-6 所示，2011 年至 2016 年福州港口货物吞吐量大体上呈增长趋势，但 2015 年出现负增长，2016 年增长缓慢，显示近几年我国经济增长放慢对福州港港口货物吞吐量影响较大。2011 年至 2016 年福州港口货物吞吐量占全省货物吞吐量的比重较大，占比 28%左右，并且一直较为稳定。《中国港口年鉴 2017》数据显示，在 2016 年全国主要沿海港口货运吞吐量统计排名中，福州港占据第 19 位。

表 4-6　2011—2016 年福州港货物吞吐量及变化

年份	福州港口货物吞吐量		福建省港口货物吞吐量总计（万吨）	福州港口货物吞吐量占福建省比重（%）
	数量（万吨）	比增（%）		
2011	10 221.08	19.61	37 278.95	27.42
2012	11 410.00	11.64	41 359.00	27.59
2013	12 759.03	11.82	45 475.62	28.06
2014	14 391.14	12.79	49 166.24	29.27
2015	13 967.23	−2.95	50 282.09	27.78
2016	14 515.66	3.90	50 776.09	28.59

说明：上表数据由《中国港口年鉴 2012—2017》整理而得。

2. 福州港集装箱吞吐量分析

如表 4-7 所示，2011 年至 2016 年福州港集装箱吞吐量逐年增长，2014 年增长速度最大。2011 年至 2016 年福州港集装箱吞吐量占全省港口集装箱吞吐量的比重一直保持在 17%左右，较为稳定。《中国港口年鉴 2017》数据显示，在 2016 年全国主要沿海港口集装箱吞吐量统计中，福州港排名第 16 位。

表 4-7 2011—2016 年福州港集装箱吞吐量及变化

年份	福州港口货物吞吐量		福建省港口货物吞吐量总计(万 TEU)	福州港口集装箱吞吐量占福建省比重(%)
	数量(万 TEU)	比增(%)		
2011	166.02	12.90	970.05	17.11
2012	183.00	9.93	1 073.00	17.05
2013	197.79	8.38	1 169.39	16.91
2014	223.94	13.22	1 270.71	17.62
2015	242.82	8.43	1 363.69	17.81
2016	268.12	10.40	1 440.16	18.62

说明:上表数据由《中国港口年鉴 2012—2017》整理而得。

3. 福州港主要货种吞吐量分析

福建交通控股集团统计数据显示,2016 年福州港主要货种为煤炭、金属矿石、矿建材料、非矿、石料、水泥、冻鱼、化肥、粮食等。《中国港口年鉴 2017》数据显示,2016 年福州港口货物吞吐量为 14 515.66 万吨,其中金属矿石吞吐量 3 542.08 万吨,占比 24.40%;煤炭 2 310.68 万吨,占比 15.92%;矿建材料 2 055.68 万吨,占比 14.16%;这三种货种吞吐量占比达到 54.48%,见表 4-8。

表 4-8 2016 年福州港主要货种吞吐量

序号	货物分类	吞吐量(万吨)	占福州港口货物吞吐量比重(%)
1	金属矿石	3 542.08	24.40
2	煤炭	2 310.68	15.92
3	矿建材料	2 055.68	14.16
4	水泥	602.02	4.15
5	石油、天然气及制品	232.44	1.60

说明:上表数据由《中国港口年鉴 2017》整理而得。

4.3.2 厦门港口吞吐量分析

1. 厦门港货物吞吐量分析

如表 4-9 所示，2011 年至 2015 年厦门港货物吞吐量逐年增长，但增长速度逐渐放慢，2016 年出现了负增长。2011－2016 年厦门港口货物吞吐量占全省货物吞吐量的比重很大，超过 40%，并且一直较为稳定。《中国港口年鉴 2017》数据显示，2016 年厦门港货物吞吐量为 20910.78 万吨，在全国主要沿海港口货运吞吐量统计中，排名第 14 位。

表 4-9　2011－2016 年厦门港货物吞吐量及变化

年份	厦门港口货物吞吐量		福建省港口货物吞吐量总计（万吨）	厦门港口货物吞吐量占福建省比重（%）
	数量（万吨）	比增（%）		
2011	15 653.55	12.37	37 278.95	41.99
2012	17 227.00	10.05	41 359.00	41.65
2013	19 087.83	10.80	45 475.62	41.97
2014	20 503.96	7.42	49 166.24	41.70
2015	21 022.52	2.53	50 282.09	41.81
2016	20 910.78	－0.50	50 776.09	41.18

说明：上表数据由《中国港口年鉴 2012－2017》整理而得。

2. 厦门港集装箱吞吐量分析

厦门港是我省规模最大、集中化程度最高的专业集装箱港区，可靠泊当前主流的集装箱船。如表 4-10 所示，2011 年至 2016 年厦门港集装箱吞吐量逐年增长，但从 2014 年开始增长速度放缓。2011 年至 2016 年厦门港集装箱吞吐量占全省港口集装箱吞吐量的比重约为三分之二，并且一直较为稳定。2016 年在全国主要沿海港口集装箱吞吐量统计中排名第 7 位，位居世界集装箱港口第

16 名(厦门港口管理局,2017)。另据《中国港口年鉴 2017》数据显示,2016 年厦门港集装箱吞吐量为 961.37 万 TEU,其中内贸集装箱完成 257.30 万 TEU,占全港比重为 26.76%;中转箱完成 229.41 万 TEU,同比增长18.06%,占全港比重为 23.86%,其中国际中转箱完成 40.04 万 TEU,同比增长 22.12%,内贸中转箱完成 109.06 万 TEU,同比增长 38.65%。当今世界上除石油、煤炭、矿石、散粮等少数货物不用集装箱运输外,绝大多数货物都用集装箱运输,集装箱国际中转比例是公认的衡量国际航运中心及枢纽港的重要指标,被公认为国际航运中心的中国香港、新加坡、釜山港 2008 年集装箱中转量分别达到 85%、60%和 45%。2012 年厦门港被国家列为继上海、天津、大连之后的第四个国际性航运中心,2016 年厦门国际航运中心被确定为国家"十三五"规划重点建设项目,但是与全球其他大港相比,厦门港还不是真正意义上的国际航运中心。

表 4-10 2011—2016 年厦门港集装箱吞吐量及变化

年份	厦门港口货物吞吐量		福建省港口货物吞吐量总计(万 TEU)	厦门港口集装箱吞吐量占福建省比重(%)
	数量(万 TEU)	比增(%)		
2011	646.50	11.00	970.05	66.65
2012	720.00	11.40	1 073.00	67.10
2013	800.80	11.20	1 169.39	68.48
2014	857.24	7.05	1 270.71	67.46
2015	918.28	7.12	1 363.69	67.33
2016	961.37	4.70	1 440.16	66.75

说明:上表数据由《中国港口年鉴 2012—2017》整理而得。

3. 厦门港主要货种吞吐量分析

根据《厦门统计年鉴 2017》数据显示,2016 年厦门港港口货物吞吐量为 20 910.78 万吨,其中外贸货物吞吐量为 9 795.35 万吨,将近一半。超过 100 万吨的主要货物吞吐量见表 4-11,其中矿建材料所占比重最大,达到 23.46%,其次为转口。吞吐量超过 200

万吨的货物主要有矿建材料、煤炭、金属矿石、石油、天然气及制品、粮食、钢铁和非金属矿石。另外，厦门港转口货物吞吐量完成2 441.87 万吨，占整个港口货物吞吐量的比重达到 11.68%，由此可见，中转货物已成为厦门港口吞吐量重要的组成部分。

表 4-11　2016 年厦门港主要货种吞吐量

序号	货物分类	吞吐量(万吨)	占厦门港口货物吞吐量比重(%)
1	转口	2 441.87	11.68
2	矿建材料	4 906.07	23.46
3	煤炭	1 921.00	9.19
4	金属矿石	911.92	4.36
5	石油、天然气及制品	345.34	1.65
6	粮食	289.14	1.38
7	钢铁	254.72	1.22
8	非金属矿石	250.00	1.20
9	水泥	146.84	0.70
10	木材	144.13	0.69
11	农、林、牧、渔业产品	125.92	0.60
12	化工原料及制品	117.14	0.56

说明：上表数据由《厦门市经济特区年鉴 2017》整理而得。

4.3.3　湄洲湾港口吞吐量分析

1. 湄洲湾港货物吞吐量分析

如表 4-12 所示，2011 年至 014 年湄洲湾港口货物吞吐量逐年增长，2015 年与福州港一样出现小幅负增长，2016 年下降幅度较大，显示当前经济下行对湄洲湾港货物吞吐量影响较大。2011 年至 2016 年湄洲湾港口货物吞吐量占全省港口货物吞吐量的比重很小，保持在 6%左右，且较为稳定，显示湄洲湾港在货物吞吐量上与全省其他港口之间存在很大的差距。

表 4-12 2011—2016 年湄洲湾港货物吞吐量及变化

年份	湄洲湾港口货物吞吐量		福建省港口货物吞吐量总计(万吨)	湄洲湾港口货物吞吐量占福建省比重(%)
	数量(万吨)	比增(%)		
2011	2 073.84	18.10	37 278.95	5.56
2012	2 350.00	13.33	41 359.00	5.68
2013	2 824.25	20.17	45 475.62	6.21
2014	3 070.44	8.72	49 166.24	6.25
2015	3 051.13	−0.63	50 282.09	6.07
2016	2 789.09	−8.60	50 776.09	5.49

说明:上表数据由《中国港口年鉴 2012—2017》整理而得。湄洲湾港仅包含湄洲湾北岸港区(即原莆田港)。

2. 湄洲湾港集装箱吞吐量分析

如表 4-13 所示,2012 年至 2016 年湄洲湾港集装箱吞吐量大体上呈增长趋势,其中 2014 和 2016 年增长幅度较大,但由于湄洲湾港集装箱吞吐量占全省港口集装箱吞吐量的比重很小,即使增长幅度较大,在总量上也是很小,说明当前湄洲湾港集装箱业务发展缓慢。

表 4-13 2011—2016 年湄洲湾港集装箱吞吐量及变化

年份	湄洲湾港口货物吞吐量		福建省港口货物吞吐量总计(万 TEU)	湄洲湾港口集装箱吞吐量占福建省比重(%)
	数量(万 TEU)	比增(%)		
2011	0.67	−15.90	970.05	0.07
2012	0.70	5.30	1 073.00	0.07
2013	0.74	5.00	1 169.39	0.06
2014	1.07	44.80	1 270.71	0.08
2015	1.07	0	1 363.69	0.08
2016	1.53	42.30	1 440.16	0.11

说明:上表数据由《中国港口年鉴 2012—2017》整理而得。湄洲湾港仅包含湄洲湾北岸港区(即原莆田港)。

3. 湄洲湾港主要货种吞吐量分析

福建交通控股集团统计数据显示，2016 年湄洲湾港主要货种为煤炭品、矿建材料、木材、石油、天然气及制品、金属矿石、浆、水泥、钢材、粮食等。据《中国港口年鉴 2017》数据显示，2016 年湄洲湾港北岸港区货物吞吐量为 2 789.09 万吨，其中煤炭吞吐量为 1 078.05 万吨，占比 38.65%；矿建材料 1 054.89 万吨，占比 37.82%；石油、天然气及制品 306.80 万吨，占比 11.00%；三大货种货物吞吐量占到湄洲湾港货物吞吐量的 87.47%，占据了湄洲湾港口货物吞吐量的绝大多数，见表 4-14。

表 4-14　2016 年湄洲湾港主要货种吞吐量

序号	货物分类	吞吐量(万吨)	占湄洲湾港口货物吞吐量比重(%)
1	煤炭	1 078.05	38.65
2	矿建材料	1 054.89	37.82
3	石油、天然气及制品	306.80	11.00

说明：上表数据由《中国港口年鉴 2017》整理而得。湄洲湾港仅包含湄洲湾北岸港区(即原莆田港)。

4.3.4　泉州港口吞吐量分析

1. 泉州港货物吞吐量分析

如表 4-15 所示，2011 年至 2016 年泉州港货物吞吐量逐年增长，其中 2015 年在我国经济下行的严峻形势下，泉州港货物吞吐量还能保持较高幅度的增长，显示了泉州以民营经济为主体的巨大活力。2011 年至 2016 年泉州港货物吞吐量占全省货物吞吐量的比重较大，占比 24%左右，与福州港货物吞吐量较为接近。《中国港口年鉴 2017》数据显示，在 2016 年全国主要沿海港口货运吞吐量统计中，泉州港排名第 20 位，仅次于福州港。

表 4-15 2011—2016 年泉州港货物吞吐量及变化

年份	泉州港口货物吞吐量		福建省港口货物吞吐量总计（万吨）	泉州港口货物吞吐量占福建省比重(%)
	数量（万吨）	比增(%)		
2011	9 330.48	10.35	37 278.95	25.03
2012	10 372.00	11.16	41 359.00	25.08
2013	10 804.51	4.17	45 475.62	23.76
2014	11 200.70	3.67	49 166.24	22.78
2015	12 241.21	9.29	50 282.09	24.35
2016	12 560.57	2.50	50 776.09	24.74

说明：上表数据由《中国港口年鉴 2012—2017》整理而得。

2. 泉州港集装箱吞吐量分析

如表 4-16 所示，2011 年至 2016 年泉州港集装箱吞吐量逐年增长，2013 年增长幅度较小。2011 年至 2016 年泉州港集装箱吞吐量占全省港口集装箱吞吐量的比重较大，占比 15%左右，比较接近福州港。《中国港口年鉴 2017》数据显示，在 2016 年全国主要沿海港口集装箱吞吐量统计中，泉州港排名第 18 位。

表 4-16 2011—2016 年泉州港集装箱吞吐量及变化

年份	泉州港口货物吞吐量		福建省港口货物吞吐量总计(万 TEU)	泉州港口集装箱吞吐量占福建省比重(%)
	数量(万 TEU)	比增(%)		
2011	156.86	14.54	970.05	16.17
2012	170.00	8.19	1 073.00	15.84
2013	170.06	0.21	1 169.39	14.54
2014	188.45	10.81	1 270.71	14.83
2015	201.51	6.93	1 363.69	14.78
2016	209.14	3.60	1 440.16	14.52

说明：上表数据由《中国港口年鉴 2012—2017》整理而得。

3. 泉州港主要货种吞吐量分析

根据《泉州统计年鉴2017》数据显示，2016年泉州港口货物吞吐量为12 560.57万吨，其中外贸货物吞吐量为3 640.45万吨，超过100万吨以上的货物吞吐量如表4-17所示，其中石油、天然气及制品所占比重最大，达到27.23%。石油、天然气及制品，矿建材料和煤炭这三种货物的吞吐量占到泉州港货物吞吐量的59.08%，超过一半。可见泉州港进出港货物集中度很高。

表4-17　2016年泉州港主要货种吞吐量

序号	货物分类	吞吐量(万吨)	占泉州港口货物吞吐量比重(%)
1	石油、天然气及制品	3 420.47	27.23
2	矿建材料	2 633.17	20.96
3	煤炭	1 367.62	10.89
4	化工原料及制品	466.13	3.71
5	钢铁	240.07	1.91
6	金属矿石	126.64	1.13
7	粮食	107.21	0.85
8	非金属矿石	106.76	0.85

说明：上表数据由《中国港口年鉴2017》《泉州统计年鉴2017》整理而得。

4.3.5　四个港口吞吐量对比分析

1. 四个港口货物吞吐量对比分析

如表4-18所示，2011—2016年福建四个港口货物吞吐量中，厦门港所占比重最大，超过五分之二，福州港排名第二，与排名第三的泉州港比较接近，湄洲湾港所占比重最低，不到7%。《中国港口年鉴2017》数据显示，在2016年全国主要沿海港口货物吞吐量统计中，厦门港排名第14位，福州港19位，泉州港20位，说明福建省四个沿海港口物流发展很不均衡。

表 4-18 2011—2016 年四个港口货物吞吐量占全省比重

单位:%

年份	福州港	厦门港	湄洲湾港	泉州港	合计
2011	27.42	41.99	5.56	25.03	100.00
2012	27.59	41.65	5.68	25.08	100.00
2013	28.06	41.97	6.21	23.76	100.00
2014	29.27	41.70	6.25	22.78	100.00
2015	27.78	41.81	6.07	24.35	100.00
2016	28.59	41.18	5.49	24.74	100.00

说明:上表数据由《中国港口年鉴 2012—2017》整理而得,湄洲湾港仅指湄洲湾港北岸港区(即原莆田港)。

2. 四个港口集装箱吞吐量对比分析

如表 4-19 所示,在 2011—2016 年福建四个港口集装箱吞吐量中,厦门港所占比重最大,超过三分之二。在 2016 年全国港口集装箱吞吐量排行榜中,厦门港排名第 7 位,福州港第 16 位,泉州港第 18 位;在 2016 年全球集装箱吞吐量排名中,厦门港位居第 16 位。这也反映出厦门打造成国际集装箱运输枢纽港的基础和条件。对比 2016 年福建省四个港口集装箱吞吐量排名,福州港排名第二,与排名第三的泉州港比较接近,湄洲湾港所占比重最低,不到 1%。说明在东南地区沿海港口群中,厦门港已成为区域集装箱枢纽港,湄洲湾港发展集装箱运输不占优势,可以重点发展散货运输。

表 4-19 2011—2016 年四个港口集装箱吞吐量占全省比重

单位:%

年份	福州港	厦门港	湄洲湾港	泉州港	合计
2011	17.11	66.65	0.07	16.17	100.00
2012	17.05	67.10	0.07	15.84	100.06

（续表）

年份	福州港	厦门港	湄洲湾港	泉州港	合计
2013	16.91	68.48	0.06	14.54	99.99
2014	17.62	67.46	0.08	14.83	99.99
2015	17.81	67.33	0.08	14.78	100.00
2016	18.62	66.75	0.11	14.52	100.00

说明：上表数据由《中国港口年鉴 2012—2017》整理而得，湄洲湾港仅指湄洲湾港北岸港区（即原莆田港）。

3. 四个港口主要货种吞吐量对比分析

如表 4-20 所示，从 2016 年福建四个沿海港口主要货种吞吐量对比中可以看出，福州港在金属矿石吞吐量上以 76.65％占据绝对地位，在煤炭吞吐量上以 34.60％排名第一；厦门港在矿建材料吞吐量上以 46.07％排名第一；泉州港在石油、天然气及制品吞吐量上以 79.45％占据绝对地位。这从另一方面也反映了福建四个沿海港口在激烈的市场竞争中，慢慢形成了自己的优势产业，但总体而言湄洲湾港口的整体实力还是比较弱。

表 4-20　2016 年四个港口主要货种吞吐量汇总

港口名称	煤炭		金属矿石		矿建材料		石油、天然气及制品	
	吞吐量（万吨）	占总量比重（％）	吞吐量（万吨）	占总量比重（％）	吞吐量（万吨）	占总量比重（％）	吞吐量（万吨）	占总量比重（％）
福州港	2 310.68	34.60	3 542.08	76.65	2 055.68	19.30	232.44	5.40
厦门港	1 921.00	28.77	911.92	19.73	4 906.07	46.07	345.34	8.02
湄洲湾港	1 078.05	16.14	40.71	0.88	1 054.89	9.91	306.80	7.13
泉州港	1 367.62	20.48	126.64	2.74	2 633.17	24.73	3 420.47	79.45
合计	6 677.35	99.99	4 621.35	100.00	10 649.80	100.01	4 305.05	100.00

说明：上表数据由《中国港口年鉴 2017》、《泉州统计年鉴 2017》整理而得。湄洲湾港仅指湄洲湾港北岸港区（即原莆田港）。

4.4 福建沿海各港口开通集装箱航线及航班分析

4.4.1 福州港开通集装箱航线及航班分析

根据《中国港口年鉴2017》及福州港口管理局统计数据显示，截至2016年年底，福州港已开通集装箱航线72条，其中开通各港区及厦门港之间的支线15条；开通上海、宁波、广州、天津、日照、营口等内贸线30条；开通集装箱国际航线27条，航线已覆盖欧洲、美洲、西非、中东以及东南亚"一带一路"等国家和地区。由于福州港其他港区至江阴港区的支线集装箱运输线路已开通，江西八景、张家山、上饶等地至江阴港区的集装箱火车班列也陆续开通，促使周边港区箱源向江阴港区聚集喂给，喂给港态势发展良好（何珍等，2015）。

根据《中国港口年鉴2017》数据显示，2016年年底福州港共开通航班508班，其中外贸线125班，内支线193班，内贸线190班。

4.4.2 厦门港开通集装箱航线及航班分析

厦门港与上海港、天津港和大连港是国家批准的全国四个国际航运中心，也是全国沿海主要港口。截至2016年年底，厦门港已开通集装箱航线143条，其中开通福州港、泉州港、湄洲湾港等内支线15条，内贸航线41条，包括上海、天津、宁波、连云港、营口、太仓、汕头、湛江等港口，开通台湾线6条，香港线3条；开通国际集装箱航线78条，其中北美线14条，欧洲线9条，地中海线1条，中东线3条，澳洲线1条，南美线3条，红海线1条，非洲线3条，东南亚线21条，东北亚线22条（厦门港口管理局，2017）。"海上丝绸之路"航线总数已达41条。丹麦马士基、地中海航运、法国达飞、中远海运等全球知名航运公司均在厦门港设立了分公司或代表机构，并开通了至世界各主要港口的集装箱班轮航线。

根据《中国港口年鉴 2017》数据显示，2016 年厦门港共开通航班 827 班，其中外贸线 368 班，内支线 171 班，内贸线 288 班，周航班 206 班。

4.4.3 湄洲湾港开通集装箱航线及航班分析

《中国港口年鉴 2017》数据显示，截至 2016 年年底，湄洲湾港已开通集装箱航线 4 条，其中内支线 2 条，内贸线 2 条。内支线主要指秀屿港区到厦门港的集装箱支线运输及于 2016 年 5 月 12 日开通的“莆头—江阴”集装箱内支线（福建省交通运输厅，2016）。

《中国港口年鉴 2017》数据显示，2016 年湄洲湾港已开通航班 30 班，其中内支线 9 班，内贸线 21 班，说明湄洲湾港在集装箱货运方面发展较为滞后，无论是航线数量还是航班数量都远远落后福建其他沿海港口。

4.4.4 泉州港开通集装箱航线及航班分析

根据《中国港口年鉴 2017》数据显示，截至 2016 年年底，泉州港已开通集装箱航线 108 条，其中外贸线 24 条，内支线 6 条，内贸线 78 条，与包括美国、俄罗斯、沙特阿拉伯、澳大利亚、伊朗、印度尼西亚、印度、菲律宾、韩国、日本等国家和我国台湾、香港地区有海运往来。与 2015 年相比，2016 年泉州港航线持续加密，新增内贸集装箱航线 12 条，外贸集装箱航线 4 条，货物经泉州港可高效便捷地输送到全国各地。

根据《中国港口年鉴 2017》数据显示，2016 年泉州港开通航班 450 班，其中外贸线 92 班，内支线 18 班，内贸线 340 班，累计挂靠 4 988 航班。

4.4.5 四个港口开通集装箱航线及航班对比分析

根据《中国港口年鉴 2017》数据显示，截至 2016 年年底，福建四个沿海港口共开通集装箱航线 327 条，其中外贸线 138 条，内支线38条,内贸线151条。通达近50个国家和地区的130多个港口,开通21世纪海上丝绸之路沿线国家和地区的港口航线近80条(福建省港航管理局,2016)。福建沿海各港口开通航线汇总如表4-21所示,厦门港开通集装箱航线数量最多,其次是泉州港,福州港排在第三位,湄洲湾港开通航线数量最少,只有4条,显示了福建沿海港口之间发展的不平衡。在开通外贸航线数量上,厦门港以87条远超其他三个港口,显示了厦门港在国际贸易中的优势地位及其作为东南沿海国际航运中心的地位。在开通内支线数量上厦门港和福州港数量相当,湄洲湾港和泉州港较少,显示了厦门港和福州港在吸引临近港口货源方面展开激烈的竞争。在开通内贸航线上,泉州港数量最多,超过福建其他三个港口的总和,厦门港位居其次,由于泉州港在吸引邻近港口福州港和厦门港货源上没有优势,其货源主要来自泉州地区,这也从侧面反映了泉州地区经济体量大和经济活跃程度较高的特点。

表4-21 2016年四个港口开通集装箱航线汇总

单位:条

港口名称	航线名称			合计
	外贸线	内支线	内贸线	
福州港	27	15	30	72
厦门港	87	15	41	143
湄洲湾港	0	2	2	4
泉州港	24	6	78	108
合计	138	38	151	327

说明:上表数据由《中国港口年鉴2017》整理而得。湄洲湾港仅指湄洲湾港北岸港区(即原莆田港)。

根据《中国港口年鉴2017》数据显示,截至2016年年底,福建四个沿海港口共开通集装箱航班1 815班,其中外贸线582班,内支线391班,内贸线839班。如表4-22所示,在外贸线开通航班的数量上来看,厦门港拥有近三分之二,湄洲湾港为零,显示了厦门港国际枢纽港的发展趋势。在内贸线航班数量上,泉州港以340班排名第一,超过40%,显示了泉州内贸经济的活跃程度。同样在内支线航班数量上湄洲湾港和泉州港也很少,显示了这两个港口在吸引临近港口货源上没有优势,目前很难成为区域枢纽港。

表4-22 2016年四个港口开通集装箱航班汇总

港口名称	航线名称			合计(班)
	外贸线(班)	内支线(班)	内贸线(班)	
福州港	125	193	190	508
厦门港	368	171	288	827
湄洲湾港	0	9	21	30
泉州港	92	18	340	450
合计	585	391	839	18415

说明:上表数据由《中国港口年鉴2017》整理而得。湄洲湾港仅指湄洲湾港北岸港区(即原莆田港)。

4.5 福建沿海各港口腹地条件分析

港口腹地也称港口经济腹地,即港口集散旅客和货物的地区范围,可以分为直接腹地和间接腹地。港口直接腹地一般具有专属性,为某一个港口独有的腹地,一般来说直接腹地所需水运的货物都要经由该港,从该港口运输或转运最经济或最有效率。港口间接腹地指两个或两个以上的港口共同拥有的腹地,具有公用性。

4.5.1 福州港腹地条件分析

按照《福建省沿海港口布局规划(2008—2020年)》,福州港的腹地以福建中部和北部地区为主,随着地区综合运输网的不断完善,其腹地范围将扩大到浙、赣、湘的部分地区。

当前福州港省内直接腹地主要为福州全市、宁德全市、南平全市,间接腹地为三明市除南部的永安、大田、清流、宁化四市县外的大部分地区。由横南铁路和外福铁路福州—南平南段改名的峰福铁路连接江西上饶市的横峰与福建福州,江西东部地区将可能成为福州港的间接腹地。向莆铁路是一条客货两用的Ⅰ级高速铁路干线,2014 年 3 月 1 日正式开通货运,从江西南昌市的向塘站开始,经江西抚州市,福建的建宁、泰宁、将乐、沙县、尤溪、永泰,终于莆田市,其中在永泰分岔后,一条接入外福线终于福州市。向莆铁路的开通使江西省部分地区将可能成为福州港的间接腹地。2015 年 6 月合福高铁的开通,福州到长沙最快只要 5 小时,湖南部分地区可能成为福州港的间接腹地。另外,与福建接壤的浙江北部部分县市离福州港的宁德港区较近,也有可能成为福州港的间接腹地。

4.5.2 厦门港腹地条件分析

按照《福建省沿海港口布局规划(2008—2020 年)》,厦门港的腹地包括整个海峡西岸经济区(福建全省,浙江温州、丽水、衢州,江西上饶、鹰潭、抚州、赣州,广东汕头、梅州、潮州、揭阳等县市),随着地区综合运输网的不断完善,其腹地范围将扩大到赣、湘等其他内陆地区。

当前厦门港省内直接腹地主要为厦门全市、漳州全市、龙岩全市,间接腹地为三明市南部地区,如永安市、大田县、清流县和宁化县等。赣龙铁路复线是国家铁路网的重要组成部分,也是一条客货两用型铁路,西起江西省赣州市,东接龙岩地区,与龙厦、漳龙铁路接轨。随着 2015 年 12 月 28 日赣龙铁路复线的正式通车,江西赣州至厦门也从最快 6.5 个小时缩短至 3.5 小时。通过海铁联运,赣龙铁路沿线的赣州市章贡区、赣县、于都县、会昌县和瑞金市至厦门的时间大大缩短,竞争优势明显,厦门港将成为江西省部分地区重要的出海口，这些地区也将成为厦门港的间接腹地。厦深铁路是中国中长期铁路网规划中“四纵四横”快速客运通道的“一纵，北起厦门，经漳州、潮州、汕头、揭阳、汕尾、惠州引入深圳，也是一条客运、货运混用型铁路。随着 2013 年 12 月 28 日厦深铁路的正式通车，广东的潮州、梅州、揭阳等粤东地区到厦门港的距离比广东省的一些港口更近，可以吸引其货源从厦门港出海，这些地区将可能成为厦门港的间接腹地。为了扩大腹地范围，厦门港正大力推动厦蓉欧国际集装箱班列顺利运行，厦门港已成为国内沿海第二个开通“一带一路”跨境国际集装箱班列的港口。

4.5.3 湄洲湾港腹地条件分析

按照《福建省沿海港口布局规划(2008—2020 年)》，湄洲湾港腹地以莆田市为主，随着向莆铁路等综合运输网的不断完善，其腹地范围将延伸至赣、湘的部分地区。

当前湄洲湾港省内直接腹地主要为莆田全市，间接腹地为三明市部分地区，由于莆田市经济总量小，湄洲湾港货物吞吐量一直不见起色。2014 年 3 月向莆铁路开通，其始于江西省南昌市，经过江西省抚州市和福建省三明市和福州部分县市，终于福建莆田市。向莆铁路从莆田火车总站引出两条直线，分别直达湄洲湾港秀屿港区和东吴港区。江西省是个内陆省份，为大力发展经济，迫切需要最佳出海口，江西省交通运输与物流协会实地调研湄洲湾港口后认定，江西进口铁矿石从湄洲湾经向莆铁路运输，比从宁波港经萧甬线、沪昆线运输，每吨可节约运费 10 元以上，比起经深圳港、湛江港、防城港运输，则节省更多(陈颖，2012)。因此，借助向莆铁路，江西省部分地区将可能成为湄洲湾港的间接腹地。

4.5.4 泉州港腹地条件分析

按照《福建省沿海港口布局规划(2008—2020 年)》，泉州港的腹地以泉州市为主，随着综合运输网的不断完善，其腹地范围将扩展至泉州周边地市以及赣、湘的部分地区。

当前泉州港省内直接腹地主要为泉州全市，间接腹地为三明市部分地区。由于泉州市经济活跃，生产总值连续多年保持福建省第一位，其港口货物吞吐量与福州港相差不大。2009 年泉三高速公路通车，把泉州和三明通过高速公路连接在一起，三明南部地区将可能成为泉州的间接腹地。当前泉州港也在加快疏港铁路支线建设，大力拓展腹地资源。2016 年兴泉铁路开工建设，其始于江西省赣州市兴国县，经江西于都、宁都、石城等县市，福建三明宁化、清流、明溪、永安、大田和泉州德化、永春、安溪、南安等县市，终于泉州市，这是一条客货两用线，设计等级为国铁 I 级，预计时速 160 公里。未来江西省部分地区将可能成为泉州港的间接腹地。

4.5.5 四个港口腹地条件对比分析

福建四个沿海港口主要腹地条件如表 4-23 所示，四个港口的主要省外腹地都包括江西省，除了厦门港还包括粤东地区，显示四个港口在争取江西省货源上将展开激烈的市场竞争。在福建省内腹地上，三明地区是厦门港、福州港、湄洲湾港和泉州港的间接腹地，这四个港口也在三明地区展开激烈的竞争，但是三明市经济总量在全省所占的比重并不是很大。

表 4-23 四个港口主要腹地汇总

港口名称	主要腹地
福州港	福建省福州全市、宁德全市、南平全市、三明市大部分地区(除南部的永安、大田、清流、宁化四市县)、江西省部分地区、湖南省部分地区、浙江省北部
厦门港	福建省厦门全市、漳州全市、龙岩全市、泉州南部部分地区和三明南部地区(主要是永安市、大田县、清流县和宁化县)、江西省部分地区、广东省潮州、梅州、揭阳等粤东地区
湄洲湾港	福建省莆田全市和三明部分地区、江西省部分地区
泉州港	福建省泉州全市和三明部分地区、江西省部分地区

4.6 本章小结

本章首先阐述了福建沿海港口的变迁，2009年福建省政府对港口资源进行整合后，福建沿海港口从原先的六个港口整合为四个，分别为福州港（整合宁德港）、厦门港（整合漳州港）、湄洲湾港（原莆田港）和泉州港。其次，围绕港区组成及功能定位、泊位及通航能力、集疏运条件三方面对福建沿海四个港口的基础设施能力进行分析。第三，从货物吞吐量、集装箱吞吐量和主要货种吞吐量三方面对四个港口的吞吐量进行分析，厦门港在港口货物吞吐量和集装箱吞吐量上都远超福建其他三个港口，湄洲湾港则排在最后，反映了福建沿海港口之间发展的不平衡。第四，对四个港口开通集装箱航线及航班进行分析，厦门港开通国际集装箱航线和航班数量最多，显示其发展国际集装箱枢纽港的潜质，泉州港开通内贸航线和航班数量最多，显示泉州内贸经济的活跃。最后，对四个港口腹地条件进行分析，当前四个港口直接腹地范围小，间接腹地交叉明显，除厦门港间接腹地延伸到广东部分地区外，四个港口的间接腹地都包含了江西省部分地区。

5

福建沿海港口物流总体发展现状分析

5.1 福建沿海港口群的组成及功能定位

2006 年 9 月，中华人民共和国交通部颁布了《全国沿海港口布局规划》，为进一步优化沿海港口布局，合理有序地开发和利用港口岸线资源，提升我国航运业的竞争能力和水平，根据沿海各区域港口的基本条件、区域经济发展和产业布局的需要，将全国沿海港口划分为五个港口群体(见表 5-1)。

表 5-1 全国五个沿海港口群的组成及功能定位

港口群名称	港口组成	所属行政区划	功能定位
环渤海地区港口群	由辽宁、津冀和山东沿海港口群组成。辽宁沿海港口群以大连东北亚国际航运中心和营口港为主，包括丹东、锦州等港口组成。津冀沿海港口群以天津北方国际航运中心和秦皇岛港为主，包括唐山、黄骅等港口组成。山东沿海港口群以青岛、烟台、日照港为主，包括威海等港口	主要指辽宁省、天津市、河北省和山东省	辽宁沿海港口群主要服务于东北三省和内蒙古东部地区；津冀沿海港口群主要服务于京津、华北及其西向延伸的部分地区；山东沿海港口群主要服务于山东半岛及其西向延伸的部分地区
长江三角洲地区港口群	依托上海国际航运中心，以上海、宁波、连云港港为主，包括舟山、温州、南京、镇江、南通、苏州等沿海港口和长江下游港口	主要指上海市、浙江省和江苏省	服务于长江三角洲及长江沿线地区的经济社会发展
东南沿海地区港口群	以厦门、福州港为主，包括泉州、莆田、漳州等港口	主要指福建省	服务于福建省和江西等内陆省份部分地区的经济社会发展和对台“三通”的需要

（续表）

港口群名称	港口组成	所属行政区划	功能定位
珠江三角洲地区港口群	由粤东和珠江三角洲地区港口组成。巩固香港国际航运中心，以广州、深圳、珠海、汕头港为主，包括汕尾、惠州、虎门、茂名、阳江等港口	主要指广东省除西部地区湛江市外	服务于华南、西南部分地区，加强广东省和内陆地区与港澳地区的交流
西南沿海地区港口群	由粤西、广西沿海和海南省的港口组成。以湛江、防城、海口港为主，包括北海、钦州、洋浦、八所、三亚等港口	主要指广东省西部湛江市、广西壮族自治区和海南省	服务于西部地区开发，为海南省扩大与岛外的物资交流提供运输保障

说明：上表数据由《全国沿海港口布局规划》整理而得。

从表 5-1 数据显示，五大港口群之一的东南沿海地区港口群以厦门、福州港为主，包括泉州、莆田、漳州等港口组成，主要就是指福建沿海港口，这也反映了福建沿海港口在全国沿海港口布局中的地位和作用。

5.2 福建沿海港口物流总体发展 SWOT 分析

SWOT 分析法是目前战略管理领域和规划管理中使用较为广泛的方法。所谓 SWOT 分析法是基于内外部竞争环境和竞争条件下的态势分析，就是列举出与研究对象有关的各种主要内部优势、劣势和外部的机会和威胁等，运用系统分析的思想，把各种因素相互匹配起来加以分析，从中得出一系列相应的结论。

5.2.1 发展优势

1. 良好的岸线资源

福建省岸线资源丰富，大陆海岸线长 3 752 公里，海岛岸线长

2 804 公里，居全国第二位，具备发展大港口的优越条件，全省拟规划利用为港口用途的自然岸线长度 739 公里，深水港口岸线资源居全国首位，沿海港湾 125 处，其中沙埕湾、三都澳、罗源湾、兴化湾、湄洲湾、厦门湾和东山湾等都是优良深水港湾，可大规模开发建设 10 万吨级以上泊位深水港，有 40 多公里岸线可建设 20～30 万吨级大型深水泊位（福建省港航管理局，2016）。并且这些深水港湾终年不淤不冻，避风条件良好，是我国东南沿海建设大型深水港理想的港址。其中湄洲湾港被誉为"中国少有，世界不多"的天然深水良港；三都澳港口小腹大，深水域面积和航道水深都堪称世界之最，被誉为"世界级深水良港"；厦门港濒临台湾海峡，与台湾、澎湖列岛一水之隔，地理位置优越，并且万吨巨轮不受潮水影响可以随时进出，也是优良的深水良港。

2. 独特的地理区位

在《全国沿海港口布局规划》中福建沿海港口被定位于东南沿海地区港口群，是我国五大港口群之一，介于长江三角洲地区港口群和珠江三角洲地区港口群之间，这两个港口群所处地域也是我国经济最为发达和活跃的地域。福建沿海港口地处台湾海峡西岸，是我国重要的出海口，是连接海峡东岸台湾省及 21 世纪海上丝绸之路沿线国家和地区的重要枢纽。所属台湾海峡是我国的重要海上走廊，不管是我国渤海、黄海、南海南下，还是南海北上，都要经过这里。同时台湾海峡位于亚洲及太平洋之间，也是重要的国际航运通道，连接东北亚各国与东南亚各国及印度洋各国之间的海上往来。近年来，福建港口优越的地理区位日益受到国家的重视，2009 年 5 月，国务院出台了《关于支持福建省加快建设海峡西岸经济区的若干意见》，海峡西岸经济区规划包括福建全境、广东省、江西省和浙江省部分城市，被赋予海峡两岸人民交流合作先行先试的战略重任和发展服务周边地区的新的对外开放综合通道。

3. 日益完备的港区设施

近年来，福建省政府大力加强港口基础设施建设和投资，“十二五”期间每年投资超过100亿元，2016年全省港航固定资产投资完成102.80亿元。据《2016年福建省交通运输行业发展统计公报》数据显示，截至2016年年底，全省沿海港口共有492个生产用码头泊位，其中万吨级及以上泊位168个，占34%。万吨级及以上泊位中，专业化泊位90个，主要包括集装箱泊位39个、煤炭泊位14个、原油2个、成品油12个、液体化工14个、液体天然气1个、液体石油气1个、散装水泥1个、客运3个、滚装泊位3个；通用散货泊位36个；通用件杂货泊位17个；客货泊位1个；多用途泊位24个。具备停泊集装箱船、油轮和散货船等最大主力船型的设施条件，福建沿海港口基础设施已适度超前于福建经济社会发展的需要。

4. 较为便捷的港口集疏运体系

为拓展腹地货源，增加沿海港口货物吞吐量，福建沿海港口正大力加快港口集疏运体系建设。

铁路由于运载量大，在港口集疏运体系中扮演着重要的地位。福建沿海港口在铁路集疏运体系通道建设上，一是积极修建出省铁路，拓展省外腹地货源；二是努力完善疏港铁路支线建设，提升海铁联运的能力。鹰厦铁路、峰福铁路是福建省早期重要的出省通道，把福建省和江西省连接起来；向莆铁路是福建省连接腹地江西省的第一条快速铁路；厦深铁路是中国中长期铁路网规划中“四纵四横”快速客运通道的“一纵”——沿海铁路的重要组成部分，是连接福建省和广东省的一条高速通道；合福高铁（京福高铁的重要组成部分）北接合肥，南连福州，是连接安徽省、江西省和福建省沿海地区的一条大能力客运通道；赣龙铁路复线西连赣州地区，与京九铁路衔接，东接龙岩地区，与龙厦、漳龙铁路接轨，是连接福建省和江西省的一条高速通道。这些出省铁路打通了福建省与江西省和安徽省及经济活跃的浙江省东南部和广东省东部地区的通道，对于拓展福建沿海港口省外腹地货源具有十分重要的意义。衢宁铁路(福建段)、浦建龙梅铁路、长泉铁路(含吉安至永安福建段)、沿海货运铁路(福建段)还在建设中,一旦完工将进一步拓展福建出省铁路通道。同时,为提升海铁联运能力,福建沿海港口正努力完善疏港铁路支线建设,福州江阴港铁路支线、可门港铁路支线、厦门港铁路支线、湄州湾港铁路支线已建成,大大提升了海铁联运能力,也提升了港口竞争力。宁德白马港铁路支线、福州罗源湾北岸铁路支线、泉州港秀涂铁路支线、福州松下港铁路支线正在建设中,其完工将进一步完善疏港铁路网络。

高速公路集疏运体系较为完备。与普通公路相比,高速公路因为速度较快,辐射范围较广,对于港口腹地货源的开拓具有较为重要的意义。福建是全国第四个实现"县县通高速"的省份,高速公路密度在全国各省排名中位居第二。沈海高速公路、福银高速、厦成高速、湄永高速(莆田至永定至广东梅州)、漳州招银疏港支线、宁光高速已建成通车,浦建高速公路与江西资溪高速公路实现连通,莆炎高速(莆田至湖南炎陵)、沈海高速公路复线等还在建设中。已建成和正在建设中的高速公路,使福建省迅速融入我国高速公路网,也便于福建沿海港口开拓与福建省相邻的内陆省份及邻近省份的货源。

在港口集疏运体系中,空港也是重要的组成部分。当前福建沿海港口城市除湄洲湾港外都有自己的机场,如高崎国际机场、福州机场和泉州的晋江机场,其中厦门的高崎国际机场已成为中国东南沿海重要的区域性航空枢纽,福州的长乐机场已被国家民航局确定为"海上丝绸之路"门户枢纽机场。

5.2.2 发展劣势

福建沿海港口在《全国沿海港口布局规划》中被称为东南沿海地区港口群,这说明福建沿海港口物流总体发展劣势最好的方式是与其他沿海港口群进行比较。

1. 地区经济总量偏小

《中国统计年鉴2017》数据显示，2016年我国国内生产总值为744 127.28亿元。如表5-2所示，全国五个沿海港口群所属地区生产总值中，长江三角洲地区港口群所属地区生产总值为152 818.29亿元，占国内生产总值的比重为20.54%，排名第一；环渤海地区港口群所属地区生产总值为140 227.23亿元，占国内生产总值的比重为18.84%，排名第二，接近长江三角洲地区港口群所属地区生产总值；珠江三角洲地区港口群所属地区生产总值为78 270.13亿元，占国内生产总值的比重为10.52%，排名第三；东南沿海地区港口群所属地区生产总值为28 810.58亿元，占国内生产总值的比重为3.879%，排名第四，略高于西南沿海地区港口群所属地区生产总值24 955.62亿元，不到长江三角洲地区港口群所属地区生产总值的五分之一。东南沿海港口群所属地区生产总值较低，显示地区经济总量偏小，与经济发展活跃的长江三角洲地区、环渤海地区和珠江三角洲地区存在较大的差距，必然影响到港口货源，影响东南沿海港口物流的发展。

表5-2 2016年五个沿海港口群所属地区生产总值比较

港口群所属行政区划	所属地区生产总值(亿元)	占国内生产总值比重(%)
环渤海地区港口群	140 227.23	18.84
辽宁省	22 246.90	2.99
天津市	17 885.39	2.40
河北省	32 070.45	4.31
山东省	68 024.49	9.14
长江三角洲地区港口群	152 818.29	20.54
上海市	28 178.65	3.79
浙江省	47 251.36	6.35
江苏省	77 388.28	10.40

（续表）

港口群所属行政区划	所属地区生产总值(亿元)	占国内生产总值比重(%)
东南沿海地区港口群	28 810.58	3.87
福建省	28 810.58	3.87
珠江三角洲地区港口群	78 270.13	10.52
广东省(湛江市除外)	78 270.13	10.52
西南沿海地区港口群	24 955.62	3.35
广东省湛江市	2 584.78	0.35
广西壮族自治区	18 317.64	2.46
海南省	4 053.20	0.54

说明：上表数据由《中国统计年鉴 2017》《广东统计年鉴 2017》《2016 年 1—12 月湛江市统计月报》整理而得。

2. 对外贸易后劲不足

由于海运承担了全球三分之二以上的国际贸易货物，我国近 90%的进出口贸易货物也都是由海运来承担的，因此地区进出口总额对港口物流的影响很大。《中国统计年鉴 2017》数据显示，2016 年我国货物进出口总额为 36 855.57 亿美元。如表 5-3 所示，全国五个沿海港口群所属地区货物进出口总额中，长江三角洲地区港口群所属地区货物进出口总额为 12 796.40 亿美元，占全国货物进出口总额比重为 34.72%，排名第一；珠江三角洲地区港口群所属地区货物进出口总额为 8 919.34 亿美元，占比 24.20%，排名第二；环渤海地区港口群所属地区货物进出口总额为 4 702.44 亿美元，占比 12.76%，排名第三；东南沿海港口群所属地区货物进出口总额为 1 568.26 亿美元，占比 4.26%，排名第四，高于西南沿海地区港口群所属地区货物进出口总额 633.64 亿美元，约为长江三角洲地区港口群所属地区进出口总额的八分之一，珠江三角洲地区港口群所属地区进出口总额的六分之一。这反映了长江三角洲地区和珠江三角洲地区是我国对外贸易最为活跃的地区，对外贸易量大，为所属地区的港口物流带来了大量的货源；另一方面也反映了东南沿海港口群所属地区与长江三角洲地区和珠江三角洲地区的对外贸易量差距很大，这也影响了东南沿海港口物流的发展。

表 5-3　2016 年五个沿海港口群所属地区货物进出口总额比较

港口群所属行政区划	所属地区货物进出口总额（亿美元）	占全国货物进出口总额比重（%）
环渤海地区港口群	4 702.44	12.76
辽宁省	865.57	2.35
天津市	1 026.56	2.79
河北省	466.75	1.27
山东省	2 343.56	6.36
长江三角洲地区港口群	12 796.40	34.72
上海市	4 337.68	11.77
浙江省	3 365.76	9.13
江苏省	5 092.96	13.82
东南沿海地区港口群	1 568.26	4.26
福建省	1 568.26	4.26
珠江三角洲地区港口群	8 919.34	24.20
广东省（湛江市除外）	8 919.34	24.20
西南沿海地区港口群	633.64	1.72
广东省湛江市	43.89	0.12
广西壮族自治区	476.27	1.29
海南省	113.48	0.31

说明：上表数据由《中国统计年鉴 2017》《2016 年 1—12 月湛江市统计月报》整理而得。

2016年湛江市统计月报显示，其2016年进出口总额用人民币统计为304.44亿元，因无法获得美元统计数据，为计算方便按2016年31日人民币兑美元汇率(1美元=6.9370元)，其预估数为43.89亿美元。

3. 腹地面积较小

从地理位置及特点分析，由于东南沿海地区港口群所处的福建省丘陵较多，与其他省份相连的公路运输成本较高，又没有水路与内陆省份相连，因此也决定了其腹地面积较小。直接腹地主要是福建全省，间接腹地主要是江西省部分地区、粤东地区及湖南省部分地区。而环渤海地区港口群则腹地广阔，直接腹地主要包括东北三省(黑龙江省、辽宁省和吉林省)，还包括华北(北京、天津、河北、山西、内蒙古)大部分地区和山东省，间接腹地包括部分西北地区(宁夏、新疆、青海、陕西、甘肃)和河南省部分地区，经济总量大，直接面向东北亚，具有无可替代的物流优势。长江三角洲地区港口群直接腹地主要包括上海市、浙江省和江苏省，是我国经济最为活跃，发展速度最快的地方，间接腹地包括安徽、河南、湖北、江西、湖南省部分地区及其他中西部地区。珠江三角洲地区港口群比邻香港和澳门，直接腹地主要包括广东省大部分地区，外向型经济十分活跃，经济容量大，间接腹地包括江西省、湖南省部分地区。西南沿海地区港口群直接腹地主要包括广东省湛江市、广西和海南省，间接腹地包括贵州、云南大部分地区，四川、重庆、西藏、青海等部分地区，如表5-4所示。综上所述，在全国五大沿海港口群中，东南沿海地区港口群腹地面积最小。

表 5-4 五个沿海港口群腹地资源比较

港口群名称	腹地资源
环渤海地区港口群	直接腹地主要包括东北三省(黑龙江省、辽宁省和吉林省),还包括华北(北京、天津、河北、山西、内蒙古)大部分地区和山东省,间接腹地包括部分西北地区(宁夏、新疆、青海、陕西、甘肃)和河南省部分地区
长江三角洲地区港口群	直接腹地主要包括上海市、浙江省和江苏省,间接腹地包括安徽、河南、湖北、江西、湖南省部分地区及其他中西部地区
东南沿海地区港口群	直接腹地主要是福建全省,间接腹地主要是江西省部分地区、浙江省北部、粤东地区及湖南省部分地区
珠江三角洲地区港口群	直接腹地主要包括广东省大部分地区,间接腹地包括江西、湖南省部分地区
西南沿海地区港口群	直接腹地主要包括广东省湛江市、广西区和海南省,间接腹地包括贵州、云南大部分地区,四川、重庆、西藏、青海等部分地区

4. 港口综合实力较弱

(1)港口吞吐量较少

如表 5-5 所示,2016 年五大沿海港口群港口货物吞吐量排名中,长江三角洲地区港口群以 452 530 万吨位居首位,环渤海地区港口群以 408 500 万吨排名第二,珠江三角洲地区港口群以 154 312 万吨排名第三,西南沿海地区港口群以 74 078 万吨排名第四,东南沿海地区港口群以 50 776 万吨排名第五。

在五大港口群港口集装箱吞吐量排名中,长江三角洲地区港口群以 7 740 万 TEU 位居首位,环渤海地区港口群以 6 146 万 TEU 排名第二,珠江三角洲地区港口群以 5 656 万 TEU 排名第三,东南沿海地区港口群以 1 440 万 TEU 排名第四,西南沿海地区港口群以 488 万 TEU 排名第五。

不管在港口货物吞吐量还是集装箱吞吐量上,东南沿海地区港口群总量都很低，与环渤海地区港口群、长江三角洲地区港口群和珠江三角洲地区港口群都存在很大的差距，只有集装箱吞吐量比西南沿海地区港口群高，这与2016年福建省地区生产总值在全国排名第十位，处于海峡西岸经济区和21世纪海上丝绸之路核心区的经济发展和地理区位优势不匹配。

表5-5　2016年五个沿海港口群吞吐量比较

港口群所属行政区划	港口货物吞吐量（万吨）	港口集装箱吞吐量（万TEU）
环渤海地区港口群	408 500	6 146
辽宁省	109 081	1 880
天津市	55 056	1 452
河北省	95 207	305
山东省	149 156	2 509
长江三角洲地区港口群	452 530	7 740
上海市	70 177	3 713
浙江省	140 866	2 398
江苏省	241 487	1 629
东南沿海地区港口群	50 776	1 440
福建省	50 776	1 440
珠江三角洲地区港口群	154 312	5 656
广东省（湛江市除外）	154 312	5 656
西南沿海地区港口群	74 078	488
广东省湛江市	25 612	72
广西壮族自治区	32 076	251
海南省	16 390	165

说明：上表数据由《中国港口年鉴2017》整理而得，为保持统计口径一致，各省市港口吞吐量均包含沿海和内河。

(2)生产用码头泊位数量较少

如表 5-6 所示,2016 年底中国五大沿海港口群生产用码头泊位个数上,东南沿海地区港口群以 578 个排名第五。2016 年全国港口共有万吨级及以上泊位 2 317 个,东南沿海地区港口群共有万吨级及以上泊位 168 个,占比 7.25%,在全国五大沿海港口群排名第五,明显处于弱势状态。

表 5-6 2016 年底五个沿海港口群生产用码头泊位数比较

港口群所属行政区划	生产用码头泊位个数	万吨级泊位个数	万吨级泊位数占全国比重(%)
环渤海地区港口群	1 569	803	34.67
辽宁省	417	227	9.80
天津市	160	116	5.01
河北省	213	176	7.60
山东省	779	284	12.26
长江三角洲地区港口群	13 800	877	37.85
上海市	2 362	172	7.42
浙江省	4 166	227	9.80
江苏省	7 272	478	20.63
东南沿海地区港口群	578	168	7.25
福建省	578	168	7.25
珠江三角洲地区港口群	2 644	271	11.70
广东省(湛江市除外)	2 644	271	11.70
西南沿海地区港口群	1 061	181	7.81
广东省湛江市	144	33	1.42
广西壮族自治区	777	83	3.58
海南省	140	65	2.81

说明:上表数据由《中国港口年鉴 2017》《中国统计年鉴 2017》整理而得,为保持统计口径一致,各省市码头泊位数均包含沿海和内河。

(3)规模以上港口数量较少

如表5-7所示,从五大沿海港口群规模以上港口数量来看,环渤海地区港口群占据8席,长江三角洲地区港口群有5个,珠江三角洲地区港口群有3个,西南沿海地区港口群有5个,东南沿海地区港口群只有2个。在生产用泊位个数上,东南沿海地区港口群最少,只有343个,但是比较集中,其中福州港有179个,在全国规模以上港口中与台州港并列第七,厦门港有164个,排名第八;在万吨级泊位个数上,东南沿海地区港口群有132个,排名第四,略高于西南沿海地区港口群,其中厦门港有75个,排名第六;福州港有57个,与连云港港并列第十一;从生产用码头长度来看,东南沿海地区港口群排名第四,略高于西南沿海地区港口群,其中厦门港排名第七,福州港排名第九。说明东南沿海地区港口群生产用码头泊位和万吨级泊位大多数都集中在福州和厦门港这两个规模以上港口中,这从另一方面也说明了东南沿海地区港口群港口发展的不均衡。

表5-7 2016年底五个沿海港口群规模以上港口码头泊位数比较

港口群沿海主要规模以上港口	生产用码头长度(米)	生产用泊位个数	万吨级泊位个数
环渤海地区港口群	177 062	801	532
大连港	40 765	222	103
营口港	18 975	86	61
秦皇岛港	15 928	72	44
天津港	37 133	160	116
烟台港	19 494	94	65
威海港	3 992	15	13
青岛港	25 641	94	78
日照港	15 134	58	52

（续表）

港口群沿海主要规模以上港口	生产用码头长度（米）	生产用泊位个数	万吨级泊位个数
长江三角洲地区港口群	205 712	1 654	421
上海港	74 066	592	172
连云港港	15 520	64	57
宁波—舟山港	86 089	606	163
台州港	12 918	179	9
温州港	17 119	213	20
东南沿海地区港口群	54 443	343	132
福州港	25 207	179	57
厦门港	29 236	164	75
珠江三角洲地区港口群	89 834	713	163
汕头港	9 627	87	19
深圳港	30 521	141	71
广州港	49 686	485	73
西南沿海地区港口群	50 637	397	120
湛江港	16 793	144	35
北海港	7 612	61	15
防城港	15 527	120	36
海口港	8 217	60	25
八所港	2 488	12	9

说明：1.上表数据由《中国统计年鉴 2017》整理而得。

2.根据《中国统计年鉴 2017》简要说明，规模以上港口的统计范围为年通过能力在 1000 万吨以上的沿海港口和 200 万吨以上的内河港口，以及从事外贸、集装箱装卸的港口，具体范围由交通运输部划定。

5.2.3 发展机会

1. “多区叠加”的国家政策支持

21世纪海上丝绸之路核心区。2015年3月28日，国家发展改革委、外交部和商务部联合发布的《推动共建丝绸之路经济带和21世纪海上丝绸之路的愿景与行动》提出，支持福建建设21世纪海上丝绸之路核心区，加强福州、厦门、泉州等沿海港口城市建设。泉州港是古代丝绸之路的起点，在国内外享有很高的声誉，福州港和厦门港自古以来就是对外通商的重要口岸。

中国（福建）自由贸易试验区。2014年12月12日，国务院决定设立中国（福建）自由贸易试验区，这是我国设立的第二批自由贸易试验区，福建自贸区包括福州、厦门和平潭片区，囊括福州港及厦门港部分港区，立足于深化海峡两岸经济合作，探索加强与21世纪海上丝绸之路沿线国家和地区交流与合作的发展路径及模式。

福建海峡蓝色经济试验区。2012年11月，国务院批准了《福建海峡蓝色经济试验区发展规划》，福建是中国第四个经国务院批准的海洋经济发展试点省份。福建省拟将13.6万平方公里海域，以及福州、厦门、漳州、泉州、莆田、宁德等沿海六设区市及平潭综合实验区的陆地面积5.4万平方公里作为福建海峡蓝色经济试验区，并加强与台湾地区在海洋开发领域深度合作及周边地区的涉海领域区域合作。提出以沿海城市群和港口群为主要依托，加强海岸带及邻近陆域、海域的开发，形成具有区域特色和竞争力的海峡蓝色产业带，完善港口口岸设施条件，大力发展港口物流业。

福州新区。2015年9月9日，国务院印发《关于同意设立福州新区的批复》，福州新区成为全国第十四个国家级新区，福州新区位于福州市滨海地区，是东南沿海的海陆联运中心，囊括福州港的江阴港区、松下港区等重要海上枢纽，将成为构建两岸交流合作的重要承载区，推进与21世纪海上丝绸之路沿线国家和地区港口城市互联互通的交往门户。

厦门经济特区。是我国最早的四大经济特区之一,1980 就被批复。不管是 21 世纪海上丝绸之路核心区,还是中国(福建)自由贸易试验区、福建海峡蓝色经济试验区、福州新区、厦门经济特区的设立,主要原因在于福建处于东南沿海,与台湾隔海相望,具有多个优良的沿海港口,是我国重要的出海口和海上通道。“多区叠加”的国家政策支持,赋予福建先行先试,发展对外贸易、闽台合作和国际交流的有利条件,将带动福建港口物流的发展。

2. 国家对港口发展的重视

由于港口是国民经济和社会发展的重要基础设施,我国于 2004 年 1 月 1 日开始施行《中华人民共和国港口法》,其中规定省、自治区、直辖市人民政府编制港口布局规划时必须根据全国港口布局规划组织编制,并送国务院交通主管部门征求意见。根据《中华人民共和国港口法》第十一条规定,中华人民共和国交通部于 2004 年 10 月 26 日公布了《全国主要港口名录》,在全国重要的 25 个沿海港口中,福州港和厦门港位居其中。为了我国沿海港口的长远和可持续发展,2006 年 9 月交通部颁布了《全国沿海港口布局规划》,将全国沿海港口划分为环渤海、长江三角洲、东南沿海、珠江三角洲和西南沿海五个港口群体,东南沿海港口群以厦门、福州港为主,包括泉州、莆田、漳州等港口组成,主要指福建沿海港口群。2014 年 6 月 3 日,交通部又出台了《关于推进港口转型升级的指导意见》,指出我国已成为世界港口大国,但我国港口在服务功能、服务质量、节能环保等方面与发达国家港口还存在差距和不足,必须加快转型升级,完善港口功能体系,大力发展港口物流,支持港口企业大力发展中转配送、流通加工服务,开展冷链、汽车、化工等专业物流业务,延伸港口物流产业链。2014 年 9 月,国务院印发了《关于促进海运业健康发展的若干意见》,首次将海运业上升为国家发展战略,指出要优化港口和航线布局,大力发展现代航运服务业，提升海运业国际竞争力，打造国际航运中心。一系列对于港口及海运法律、规划和意见的出台，显示了我国政府对港口，特别是沿海港口的重视和发展港口、提升港口国际竞争力的决心和意志。港口的发展离不开港口物流的发展，福建省拥有丰富的沿海港口资源，国家对港口发展的重视对于福建省发展港口物流，提升港口竞争力是良好的发展机遇。

3. "一带一路"倡议的实施

2013 年 9 月和 10 月，我国先后提出共建"丝绸之路经济带"和"21 世纪海上丝绸之路"的倡议，坚持共商、共建、共享原则，积极发展与"一带一路"沿线国家的经济合作。"一带一路"倡议实施后，世界上已有 100 多个国家及国际组织积极参与和支持"一带一路"建设，目前已有 30 多个国家与我国签署了共建"一带一路"合作协议，国家之间的贸易往来日益密切。"一带一路"倡议的实施，一方面拓展了我国与沿线国家之间的双向投资，鼓励我国企业大胆走出国门，积极参与对外投资，"一带一路"沿线国家和地区大多是新兴经济体和发展中国家，目前已成为我国企业对外投资合作的热点地区。据统计，2016 年 1 月至 2016 年 11 月，我国企业在境外开展直接投资达到 1 617 亿美元，较 2015 年同期增长了 55.3%；对"一带一路"沿线的 53 个国家直接投资达到了 133.5 亿美元，占同期总额的 8.3%；与"一带一路"沿线的 61 个国家，新签对外承包工程合同总额达到 1 003.6 亿美元，占到我国对外承包工程总量的近一半（熊丽，2017）。同时，我国也在不断优化投资环境，吸引更多的沿线国家来我国进行投资，2016 年 1 月至 2016 年 11 月，沿线国家对华投资新设立企业 2472 家，同比增长 27.3%，实际利用外资 63 亿美元（李国辉，2016）。另一方面，也促进了我国与沿线国家之间的贸易往来，2016 年 1 月至 2016 年 11 月，中国与"一带一路"沿线国家贸易额达 8 489 亿美元，占同期中国外贸总额的 25.7%（龙敏，2016）。

福建是“21 世纪海上丝绸之路”的发祥地，也积极融入“一带一路”建设，大力拓展与“海上丝绸之路”重要节点地区东盟及其他东南亚和东北亚地区的经贸往来。根据海关总署的统计数据显示，2016 年福建省对东盟进出口 1 635.3 亿元，增长 7%，东盟仅次于美国成为福建省第二大的贸易伙伴，对日本进出口 606.6 亿元，增长 13.9%(海关总署，2017)。“一带一路”建设的实施，对于我国东南沿海重要枢纽的福建沿海港口来说，是一次促进发展的重要机遇。

5.2.4 发展威胁

1. 邻近沿海港口的激烈竞争

福建沿海港口介于长江三角洲地区港口群和珠江三角洲地区港口群之间，经济腹地小且与邻近港口重叠，北有强大的宁波—舟山港和上海港，南有广州港和深圳港，东有不可小觑的台湾最大的海港——高雄港。根据《中国港口年鉴 2017》数据，从 2016 年全国沿海港口货物吞吐量排名上来看，宁波—舟山港以 9.22 亿吨位居首位，上海港以 7.02 亿吨排名第二，广州港以 5.23 亿吨排名第四，深圳港以 2.14 亿吨排名第十三，福建沿海最大的港口厦门港以 2.09 亿吨排名第十四；从 2016 年全国沿海港口集装箱吞吐量排名来看，上海港以 3 713 万 TEU 位居首位，深圳港以 2 411 万 TEU 排名第二，宁波—舟山港以 2 157 万 TEU 排名第三，广州港以 1 858 万 TEU 排名第四，厦门港以 961 万 TEU 排名第七。《中国港口年鉴 2017》数据显示，2016 年高雄港完成货物吞吐量 1.16 亿吨，集装箱吞吐量为 1 046 万 TEU。不管从港口货物吞吐量，还是从集装箱吞吐量来看，福建沿海港口与邻近的几个大港相比，都处于相对弱势的竞争地位。福建沿海港口邻近的几个大港在港口基础设施条件、开辟的国内国际航线数量、集疏运条件、提供的港口服务能力都强于福建沿海港口，在港口腹地范围有限且重叠的状况下，福建沿海港口面临着货源分流、同类港口激烈竞争的压力。

2. 我国及世界经济增长速度放缓

如表 5-8 所示，2011—2016 年我国经济增长速度持续下降，我国已告别了经济高速增长的时代。2011—2016 年福建经济增长速度虽然高于全国，但由于福建地区生产总值占全国的比重较低，不到 4%，并且每年的增长速度也在下降，因此经济总量不大。另据世界银行的统计资料显示，2012—2015 年世界经济增长率分别为 2.4%、2.5%、2.6%和 2.4%，2016 年预测增长率为 2.4%（郭同欣，2017）。世界经济增长乏力及我国经济增长速度放缓，将引起需求不足，对港口物流的货源将造成一定的影响。

表 5-8　2011—2016 年中国 GDP 与福建 GDP 总量及增长速度比较

年份	国内生产总值（GDP）及增长速度		福建地区生产总值（GDP）及增长速度		
	国内 GDP（亿元）	按不变价格与上年比增长速度（%）	福建 GDP（亿元）	福建 GDP 占国内比重（%）	与上年比增长速度（%）
2011	489 300.6	9.5	17 560.2	3.6	12.3
2012	540 367.4	7.9	19 701.8	3.6	11.4
2013	595 244.4	7.8	21 868.5	3.7	11.0
2014	643 974.0	7.3	24 055.8	3.7	9.9
2015	689 052.1	6.9	25 979.8	3.8	9.0
2016	744 127.2	6.7	28 810.6	3.9	8.4

说明：上表数据由《中国统计年鉴 2017》整理而得。

3. 我国及全球贸易萎靡不振

如表 5-9 所示，2014 年我国货物进出口增长速度出现下降，2015 年和 2016 年出现了负增长，并且进口和出口额双双出现负增长，2016 年我国进出口贸易额被美国反超，失去了 2013 年以来世界第一大货物贸易国的地位（梁福龙，2017）。另据世界贸易组织《2015 年世界货物进出口总额排行榜》显示，2015 年全球货物进出口总值 332 480 亿美元,同比下降 12.7%,其中货物出口总值 164 820 亿美元,同比下降 13.2%,货物进口总值 167 660 亿美元,同比下降 12.2%。世界贸易组织《2016 年全球贸易统计报告》显示,2016 年全球货物贸易出口额为 15.5 万亿美元,下降 3.3%;进口额为 15.8 万亿美元,下降 3.2%(中研网,2017)。虽然近年来我国持续保持出口第一大国地位,但由于全球经济增长动力不足,需求变得低迷,导致全球贸易持续低迷,再加上我国出口商品综合成本居高不下,导致出口商品竞争力削弱,在发达国家的市场占有率正在降低,出口受到抑制。又由于贸易摩擦的影响,2016 年我国被来自 27 个国家和地区发起 119 起贸易救济调查案件,涉案数量和金额分别增长了 36.8%和 76%,导致出口额出现下降(李慧勇等,2017)。同时受国内经济下行压力的影响,出现进口需求不足的现象,2016 年虽然铁矿石、煤炭、原油、铜等大宗商品需求量有所回升,进口量增加,但受价格持续下跌的影响,对我国货物进口额也带来了影响。海运是国际贸易最主要的运输方式,占国际贸易总运量的三分之二以上,我国进出口货物 90%左右都靠海运,我国对外贸易及全球贸易萎靡不振,必然影响港口物流的发展。

表 5-9 2011—2016 年我国货物进出口情况

年份	货物进出口总额及增长速度		货物出口总额及增长速度		货物进口总额及增长速度	
	货物进出口总额(亿美元)	与上年比增长速度(%)	货物出口总额(亿美元)	与上年比增长速度(%)	货物进口总额(亿美元)	与上年比增长速度(%)
2011	36 418.6	—	18 983.8	—	17 434.8	—
2012	38 671.2	6.2%	20 487.1	7.9%	18 184.1	4.3%
2013	41 589.9	7.5%	22 090.0	7.8%	19 499.9	7.2%
2014	43 015.3	3.4%	23 422.9	6.0%	19 592.3	0.5%
2015	39 530.3	−8.1%	22 734.7	−2.9%	16 795.6	−14.3%
2016	36 855.6	−6.8%	20 976.3	−7.7%	15 879.3	−5.5%

说明:上表数据由《中国统计年鉴 2017》整理而得。

5.2.5 福建沿海港口物流总体发展 SWOT 矩阵

通过以上对福建沿海港口物流总体发展的 SWOT 分析，做出 SWOT 矩阵，并进而得出相对应的 SO 战略、WO 战略、ST 战略和 WT 战略，见表 5-10。

表 5-10 福建沿海港口物流总体发展 SWOT 矩阵

		内部因素	
		优势(S) 1.良好的岸线资源 2.独特的地理区位 3.日益完备的港区设施 4.较为便捷的港口集疏运体系	劣势(W) 1.地区经济总量偏小 2.对外贸易后劲不足 3.腹地面积较小 4.港口综合实力较弱
外部因素	机会(O) 1.“多区叠加”的国家政策支持 2.国家对港口发展的重视 3.“一带一路”倡议的实施	SO 战略方向： 1.充分利用区位优势和港口优势，大力发展港口物流 2.充分利用国家政策，积极开展对外贸易和经济合作，开发国际和国内市场 3.制订港口物流发展规划，促进港口相关产业集聚发展	WO 战略方向： 1.充分利用国家政策，大力发展港口城市经济和临港工业，扩大对外贸易 2.加强临近省份和城市之间的交流和合作，拓展腹地货源 3.政府加大对港口的支持力度，加强港口资源整合，提升港口竞争力
	威胁(T) 1.邻近沿海港口的激烈竞争 2.我国及世界经济增长速度放缓 3.我国及全球贸易萎靡不振	ST 战略方向： 1.扬长避短，充分挖掘港口竞争优势 2.拓展港口物流相关业务，提高服务质量 3.加强与供应链上下游伙伴之间的合作，维护好客户关系	WT 战略方向： 1.加大港口基础设施建设，做好市场细分 2.提供个性化客户服务，减少客户流失 3.控制港口物流成本 4.发展港口物流联盟，在竞争中寻求合作机会

5.3 本章小结

本章首先阐述了福建沿海港口群的组成及功能定位，在交通部《全国沿海港口布局规划》中把全国沿海港口划分为五个港口群，其中东南沿海港口群就是指福建沿海港口，包括厦门港、福州港、泉州港、莆田港和漳州港等，主要服务于福建省和内陆的江西省等部分地区经济发展需要和对台“三通”的需要。

其次，运用SWOT分析模型分析福建沿海港口物流的发展现状，其中发展优势主要有：良好的岸线资源、独特的地理区位、日益完备的港区设施、较为便捷的港口集疏运体系。发展劣势主要有：地区经济总量偏小、对外贸易后劲不足、腹地面积较小、港口综合实力较弱。存在的发展机会有：“多区叠加”的国家政策支持、国家对港口发展的重视、“一带一路”倡议的实施。面对的威胁有：邻近沿海港口的激烈竞争、我国及世界经济增长速度放缓、我国及全球贸易萎靡不振。并针对优势、劣势、机会和威胁，构建SWOT矩阵，分别提出SO战略方向、WO战略方向、ST战略方向和WT战略方向。

6

福建沿海港口物流协同发展现状分析

6.1 问题的提出

协同学是联邦德国理论物理学家哈肯于20世纪70年代创立，用于研究由若干子系统构成的复杂系统在与外界交换的情况下，如何通过内部协同作用，实现从无序到有序的演变。港口物流是复杂系统，涉及多个主体、多个层次的要素，并由多个子系统构成。李谭等（2012）、徐玲玲和李文君（2015）、曹娟（2014）分别利用协同理论，计算港口物流与腹地经济、区域经济及公路物流的协同度，分析他们之间的协同关系。但是目前把协同理论用于港口物流系统的研究并不多，而且多数都侧重于定性研究。杨承新和荣朝和（2008）引入协同学理论，探讨港口物流系统的协同机制。张云和赵一强（2010）、何娴（2013）、吴满财和黄慧微（2013）分别针对津冀港口物流和环渤海港口物流提出协同发展战略及对策。福建省拥有3752公里的大陆海岸线，有26个港区和74个作业区或作业点分布在125个港湾，涉及福建沿海29个县（市、区），港口经营企业多达200家。过去，同一港口内，有些港区相互间隔只有上百甚至几十公里，相当一部分港区仅有1～2个泊位（施秀芬，2015）。2009年福建省政府提出“大港口、大通道、大物流”的思路，并对沿海港口资源进行整合，整合后福建沿海港口物流协同情况到底如何，没有人做过研究。当前我国正大力推进“一带一路”建设，福建被中央确定为“21世纪海上丝绸之路”核心区，福建正以加快港口建设为重点，拓展港口腹地，提升港口竞争力，推进港口与产业及城市的互动发展，推动“21世纪海上丝绸之路”建设。基于此，本研究借助协同学理论对福建沿海港口物流进行协同度分析，探讨福建沿海港口物流的协同发展现状，为促进福建沿海港口物流发展，将福建沿海港口建设成为现代化的港口群，发挥其在海上丝绸之路中的应有作用提供新的思路。

6.2 港口物流协同模型构建

6.2.1 港口物流系统构成

港口物流系统是个多主体、多层次的复杂系统，由许多子系统构成。港口物流系统涉及多个主体，包括码头、货主、船公司、货代、物流企业、商检、海关、银行、税务等。综合周凌云等（2010）和吴价宝等（2014）的观点，根据主体间协同关联分析，将港口物流系统划分为内部协同和外部协同两个层面，如图 6-1 所示。其中内部层面协同可以分为物质基础层面、操作层面和管理层面三个层级。港口物流设施设备、港口物流工具、信息系统及技术等，为港口物流系统的正常运行提供了基本的支撑，构成了港口物流系统的物质基础层面。操作层面主要指港口物流系统所具有的基本功能或作业能力，如装卸搬运、运输、仓储、配送、包装、流通加工、信息等。管理层面主要指港口物流运营、组织和港口物流服务等。外部层面协同是港口物流系统整体与外部环境主体之间的协同，包括港口物流系统与区域经济、社会和环境之间系统的协同。就内部协

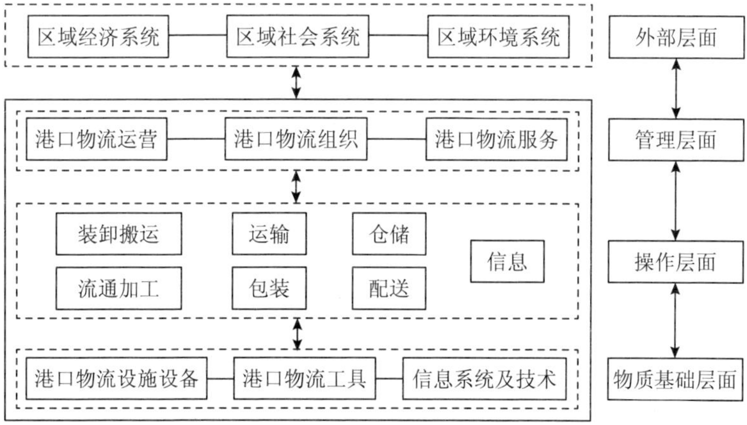

图 6-1 港口物流系统多层次协同

同层面来说，低层级协同是高层级协同的基础，高层级协同保证了低层级协同的可能性。

6.2.2 港口物流协同模型的构建方法

港口物流系统是一个复杂的非线性系统，涉及港口物流设施、操作、运营、港口与区域经济环境的交换等方面，映射成四个子系统，表现为子系统之间存在相互作用。协同可以促使港口物流子系统的耦合，提高港口物流系统的整体效应。本研究基于协同学的相关原理，运用复合系统协同度模型，对福建沿海港口物流系统的协同度进行分析如下：

如上所述，港口物流系统是由四个子系统构成的复杂系统 $E=(E_1,E_2,E_3,E_4)$，其中 E_j 为第 j 个子系统，每个子系统用序参量来描述，即 $E_j=(E_{j1},E_{j2},\cdots,E_{jm})$。$E_{jm}$ 的值越大，则该子系统的有序度越高，其贡献就越大。

1. 序参量有序度的计算

港口物流系统子系统的序参量 $E_j=(E_{j1},E_{j2},\cdots,E_{jm})$，其中 $m\geqslant1$。在协同学理论中，序参量分为快弛豫变量和慢弛豫变量。慢弛豫变量变化较慢，对系统发展起决定作用，其取值越大，系统的有序度越高，反之则系统的有序度越低。快弛豫变量变化较快，对系统的发展一般不起决定作用，其取值越大，系统的有序度越低，反之则系统的有序度越高。

α、β 为系统稳定临界点上序参量 E_{ji} 的上限与下限，假定前 l 个序参量 $E_{j1},E_{j2},\cdots,E_{jl}$ 为慢弛豫变量，后 $m-1$ 个序参量 E_{jl+1}，$E_{jl+2},\cdots,E_{jm}$ 为快弛豫变量，α_{ji} 和 β_{ji} 分别是第 j 个子系统在第 i 个指标的上限值和下限值。$\beta_{ji}\leqslant E_{ji}\leqslant\alpha_{ji}$，$i\in[1,m]$。序参量有序度的计算公式为：

$$U_j(E_{ji})=\begin{cases}\dfrac{(E_{ji}-\beta_{ji})}{(\alpha_{ji}-\beta_{ji})},i\in[1,l]\\[2ex]\dfrac{(\alpha_{ji}-E_{ji})}{(\alpha_{ji}-\beta_{ji})},i\in[l+1,m]\end{cases}\tag{6-1}$$

由公式(6-1)可知，$U_j(E_{ji})\in[0,1]$，$U_j(E_{ji})$的值越大，序参量E_{ji}对相应子系统有序度的贡献就越大。

2. 子系统有序度的计算

通过特定的集成，可以形成衡量序参量变量E_j对子系统有序度总贡献的值$U_j(E_j)$。集成的方法主要有几何平均法和线性加权求和法，本文采用线性加权求和法。子系统有序度的计算公式为：

$$U_j(E_j)=\sum_{i=1}^{m}\omega_i U_j(E_{ji}),\omega_i\geqslant 0,\sum_{i=1}^{m}\omega_i=1 \qquad (6\text{-}2)$$

在公式(6-2)中，ω_i代表序参量变量E_{ji}对应的权重值。

由公式(6-2)可知，$U_j(E_j)\in[0,1]$，其取值越大，说明子系统的有序度越高，反之，则子系统的有序度越低。

3. 港口物流系统协同度的计算

假设在系统运行初始时刻t_0，系统内部各子系统序参量的有序度为$U_j^0(E_j),j=1,2,\cdots,n$，当整个系统发展演变到时刻$t_1$，各子系统序参量的有序度为$U_j^1(E_j),j=1,2,\cdots,n$。则定义港口物流系统的协同度为：

$$V=\theta\sum_{j=1}^{n}\delta_j\left|U_{ij}(E_j)-U_j^0(E_j)\right|,\delta_j\geqslant 0,\sum_{j=1}^{n}\delta_j=1 \quad (6\text{-}3)$$

其中：

$$\theta=\begin{cases}1,\min[U_j^1(E_j)-U_j^0(E_j)]>0,j=1,2,\cdots,n\\-1,\min[U_j^1(E_j)-U_j^0(E_j)]\leqslant 0,j=1,2,\cdots,n\end{cases}$$

由公式(6-3)可知，港口物流系统协同度$V\in[-1,1]$，其值越趋近于1，说明协同发展的程度越高；越趋近于-1，说明协同发展的程度越低甚至根本不协同。θ判断函数的目的是保证当$U_j^1(E_j)-U_j^0(E_j)>0$成立时，系统具有正向协同度。

6.3 福建沿海港口物流协同度测算

6.3.1 港口物流系统综合评价指标体系的构建

科学地构建港口物流系统综合评价指标体系，是研究港口物流协同度的基础。根据吴价宝和卢珂（2014）、康树春和刘斌（2008）等的研究结果，结合港口物流系统多层次协同的特点，遵循科学性、系统性、代表性和可得性原则，构建了港口物流系统综合评价指标体系。如表 6-1 所示。

表 6-1 港口物流系统综合评价指标体系

一级指标	二级指标	说明
港口物流基础设施（E_1）	E_{11} 生产用码头泊位数 E_{12} 万吨级生产用码头泊位数 E_{13} 航道、码头及支持系统 E_{14} 公路通车里程	是为完成港口物流基本功能要具备的设施，一般包括航道、泊位、交通和配套设施。考虑到 E_{13} 很难量化，用港航固定资产投资来衡量
港口物流规模（E_2）	E_{21} 港口货物吞吐量 E_{22} 集装箱吞吐量 E_{23} 外贸货物吞吐量	用 E_{21}、E_{22}、E_{23} 来表示港口生产作业规模
港口可持续发展潜力（E_3）	E_{31} 港口货物吞吐量增长率 E_{32} 集装箱吞吐量增长率 E_{33} 外贸货物吞吐量增长率	是在不超出港口承载能力的情况下，港口生产经营各方面的发展。一定程度上也能反映港口的发展前景和经营管理水平
港口城市经济环境（E_4）	E_{41} 港口城市 GDP E_{42} 社会消费品零售总额 E_{43} 进出口商品总额 E_{44} 规模以上工业产值 E_{45} 固定资产投资 E_{46} 第三产业占 GDP 比例	对港口物流规模起决定作用，主要表现为腹地经济条件和产业发展条件。用 E_{41}、E_{42}、E_{43} 表示港口腹地经济条件，E_{44}、E_{45}、E_{46} 表示临港产业条件

6.3.2 数据来源

福建沿海港口物流系统综合评价指标体系原始数据来自《中国港口年鉴》《福建统计年鉴》《2016 福建省交通运输行业发展统计公报》及福建省各地市统计局公开统计信息，福州、厦门、泉州、湄洲湾港口管理局公开信息。

对原始数据进行整理，计算出 2009—2016 年各个指标的累计值，并对各项指标的累计值求得均值，得到福建沿海港口物流系统评价体系。

6.3.3 计算步骤

1. 数据的无单位化处理

由于港口物流系统综合评价指标体系中各指标变量单位不同，测量值相差较大，而每个变量都具有同等的表现力，需要消除变量的单位效应。本研究采用标准差标准化法处理，即：

$$X'_{ij}=\frac{X_{ij}-X_j}{S_j}=(i=1,2,\cdots,m;j=1,2,\cdots,n) \qquad (6\text{-}4)$$

式中：

$$\overline{X}_j=\frac{1}{m}\sum_{i=1}^{m}X_{ij}$$

$$S_j=\sqrt{\frac{1}{m}\sum_{i=1}^{m}(X_{ij}-\overline{X}_j)^2}$$

X'_{ij} 为标准化数据。

2009—2016 年福建沿海港口物流系统四个子系统数据标准化见表 6-2、6-3、6-4、6-5。

表 6-2 港口物流基础设施的标准化数据

年份	生产用码头泊位数(个)	万吨级生产用码头泊位数(个)	航道、码头及支持系统(亿元)	公路通车里程(千米)
2009	−1.805 849	−1.419 362	−1.881 213	−1.184 749
2010	−0.953 398	−1.004 571	−1.040 892	−0.968 785
2011	−0.459 874	−0.641 629	−0.359 881	−0.803 166
2012	0.347 710	−0.226 839	0.697 158	−0.468 164
2013	0.572 039	0.187 952	0.838 527	0.260 419
2014	0.347 710	0.654 591	0.738 779	0.607 419
2015	0.706 636	1.069 382	0.556 506	1.069 223
2016	1.245 026	1.380 475	0.451 018	1.487 804

表 6-3 港口物流规模的标准化数据

年份	港口货物吞吐量(万吨)	集装箱吞吐量(万 TEU)	外贸货物吞吐量(万吨)
2009	−1.454 382	−1.570 602	−1.668 247
2010	−1.186 663	−0.966 461	−1.074 741
2011	−0.613 616	−0.555 249	−0.451 983
2012	−0.104 442	−0.140 717	−0.053 902
2013	0.409 295	0.241 980	0.435 193
2014	0.869 869	0.647 154	1.069 098
2015	1.009 123	1.019 012	0.855 759
2016	1.070 817	1.324 882	0.888 822

表 6-4 港口可持续发展潜力的标准化数据

年份	港口货物吞吐量增长率(%)	集装箱吞吐量增长率(%)	外贸货物吞吐量增长率(%)
2009	−0.150 420	−0.533 715	1.904 911
2010	0.013 762	0.964 351	0.978 958
2011	1.394 830	−0.904 710	0.030 610
2012	0.709 125	−0.327 086	−0.565 272
2013	0.747 756	−0.796 699	−0.424 091
2014	0.052 394	1.598 329	0.002 373
2015	−1.121 514	−0.914 102	−1.129 608
2016	−1.645 933	0.913 633	−0.797 881

表 6-5 港口城市经济环境的标准化数据

年份	港口城市GDP(亿元)	社会消费品零售总额(亿元)	进出口商品总额(亿美元)	规模以上工业产值(亿元)	固定资产投资(亿元)	第三产业占GDP比例(%)
2009	−1.480 143	−1.385 724	−1.924 540	−1.595 944	−1.348 923	0.762 870
2010	−1.072 323	−1.037 721	−1.063 099	−1.044 259	−1.076 447	−0.431 889
2011	−0.522 781	−0.636 272	−0.035 795	−0.395 960	−0.661 923	−1.190 723
2012	−0.148 441	−0.209 164	0.259 070	−0.200 143	−0.209 501	−0.657 925
2013	0.224 474	0.207 515	0.739 926	0.248 775	0.194 449	−0.851 669
2014	0.622 020	0.570 947	0.959 197	0.737 650	0.626 945	−0.157 418
2015	0.963 717	1.040 056	0.709 608	1.005 265	1.087 759	0.795 161
2016	1.413 477	1.450 363	0.355 633	1.244 616	1.387 641	1.731 593

2. 指标权重 ω_i 的计算

在计算港口物流系统子系统有序度前，要先确定序参量的权重。本研究采用客观赋权法之一的熵值法来确定指标权重。即：

指标体系包含 n 个指标,求相关系数 r_{ij},其构成相关矩阵 $\boldsymbol{R}$,$\boldsymbol{R}=(r_{ij})_{n\times n}$

$$令\ R_i=\sum_{j=1}^{n}|r_{ij}|-1,\omega_i=R_i/\sum_{i=1}^{n}R^i,i=1,2,\cdots,n \quad (6-5)$$

其中 R_i 表示第 i 个指标对指标体系中其他($n-1$)个指标的影响程度。R_i 的值越大,ω_i 的值也越大,即指标的权重就越大。

根据公式(6-5)确定的福建沿海港口物流子系统的指标权重如表 6-6、6-7、6-8、6-9 所示。

表 6-6　港口物流基础设施的指标权重

ω_{11}	ω_{12}	ω_{13}	ω_{14}
0.264075	0.258876	0.230737	0.246311

表 6-7　港口物流规模的指标权重

ω_{21}	ω_{22}	ω_{23}
0.334335	0.332863	0.332802

表 6-8　港口可持续发展潜力的指标权重

ω_{31}	ω_{32}	ω_{33}
0.416969	0.361499	0.221532

表 6-9　港口城市经济环境的指标权重

ω_{41}	ω_{42}	ω_{43}	ω_{44}	ω_{45}	ω_{46}
0.190322	0.191096	0.150172	0.188174	0.191149	0.089088

3. 福建沿海港口物流系统各子系统序参量有序度计算

将表 6-2、6-3、6-4、6-5 的数据代入公式(6-1),计算得到各子系统序参量的有序度如表 6-10、6-11、6-12、6-13 所示。

表 6-10 港口物流基础设施参量有序度计算结果

年份	$U_1(E_{11})$	$U_1(E_{12})$	$U_1(E_{13})$	$U_1(E_{14})$
2009	0.000 000	0.000 000	0.000 000	0.000 000
2010	0.279 412	0.148 148	0.308 971	0.080 808
2011	0.441 176	0.277 778	0.559 367	0.142 778
2012	0.705 882	0.425 926	0.948 021	0.268 127
2013	0.779 412	0.574 074	1.000 000	0.540 744
2014	0.705 882	0.740 741	0.963 325	0.670 583
2015	0.823 529	0.888 889	0.896 306	0.843 378
2016	1.000 000	1.000 000	0.857 520	1.000 000

表 6-11 港口物流规模参量有序度计算结果

年份	$U_2(E_{21})$	$U_2(E_{22})$	$U_2(E_{23})$
2009	0.000 000	0.000 000	0.000 000
2010	0.106 019	0.208 649	0.216 818
2011	0.332 950	0.350 668	0.444 323
2012	0.534 587	0.493 833	0.589 748
2013	0.738 032	0.626 003	0.768 423
2014	0.920 423	0.765 936	1.000 000
2015	0.975 569	0.894 363	0.922 063
2016	1.000 000	1.000 000	0.934 142

表 6-12 港口可持续发展潜力参量有序度计算结果

年份	$U_3(E_{31})$	$U_3(E_{32})$	$U_3(E_{33})$
2009	0.491 822	0.151 402	1.000 000
2010	0.545 815	0.747 664	0.694 860

（续表）

年份	$U_3(E_{31})$	$U_3(E_{32})$	$U_3(E_{33})$
2011	1.000 000	0.003 738	0.382 340
2012	0.774 496	0.233 645	0.185 972
2013	0.787 200	0.046 729	0.232 497
2014	0.558 520	1.000 000	0.373 035
2015	0.172 463	0.000 000	0.000 000
2016	0.000 000	0.727 477	0.109 318

表 6-13　港口城市经济环境参量有序度计算结果

年份	$U_4(E_{41})$	$U_4(E_{42})$	$U_4(E_{43})$	$U_4(E_{44})$	$U_4(E_{45})$	$U_4(E_{46})$
2009	0.000 000	0.000 000	0.000 000	0.000 000	0.000 000	0.668 508
2010	0.140 938	0.122 705	0.298 724	0.194 217	0.099 569	0.259 669
2011	0.330 853	0.264 256	0.654 965	0.422 446	0.251 045	0.000 000
2012	0.460 220	0.414 853	0.757 215	0.491 382	0.416 369	0.182 320
2013	0.589 095	0.561 774	0.923 963	0.649 421	0.563 982	0.116 022
2014	0.726 482	0.689 919	1.000 000	0.821 526	0.722 025	0.353 591
2015	0.844 568	0.855 326	0.913 449	0.915 738	0.890 417	0.679 558
2016	1.000 000	1.000 000	0.790 701	1.000 000	1.000 000	1.000 000

4. 福建沿海港口物流系统各子系统有序度和系统协同度计算

将表 6-6、6-7、6-8、6-9、6-10、6-11、6-12、6-13 的数据代入公式(6-2)，计算得到 4 个子系统的有序度。4 个子系统有序度的权重皆为$\frac{1}{4}$，根据公式(6-3)，计算得出 2009—2016 年福建沿海港口物流系统的协同度，结果如表 6-14 所示。

表 6-14　子系统有序度和系统协同度

年份	港口物流基础设施子系统(E_1)有序度 $U_1(E_1)$	港口物流规模子系统(E_2)有序度 $U_2(E_2)$	港口可持续发展潜力子系统(E_3)有序度 $U_3(E_3)$	港口城市经济环境子系统(E_4)有序度 $U_4(E_4)$	系统协同度 V(与 2009 年相比)
2009	0.000 000	0.000 000	0.481 338	0.059 556	—
2010	0.203 333	0.177 055	0.651 801	0.173 844	−0.833 715
2011	0.352 649	0.375 913	0.503 021	0.339 304	−0.742 502
2012	0.581 455	0.539 379	0.448 602	0.468 875	−0.609 278
2013	0.718 366	0.710 856	0.396 636	0.598 568	−0.486 766
2014	0.765 613	0.895 483	0.677 024	0.744 382	−0.364 598
2015	0.862 131	0.930 732	0.071 912	0.864 424	−0.248 211
2016	0.967 124	0.978 082	0.287 200	0.968 569	−0.237 911

根据表 6-14 相关数据，绘制出福建沿海港口物流系统各子系统有序度的变化趋势图(如图 6-2 所示)和福建沿海港口物流系统协同度趋势图(如图 6-3 所示)。

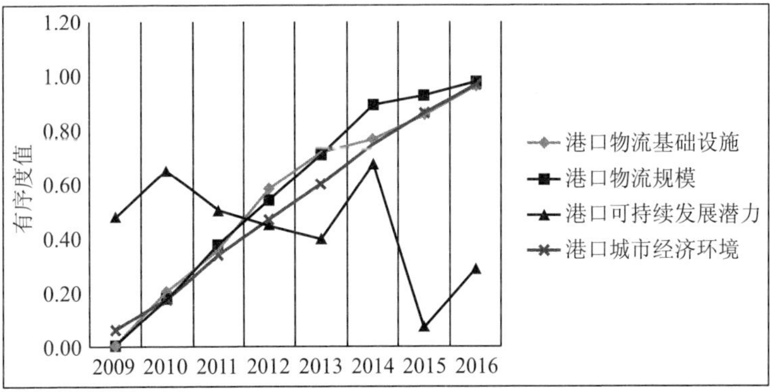

图 6-2　2009—2016 年福建沿海港口物流系统各子系统有序度趋势图

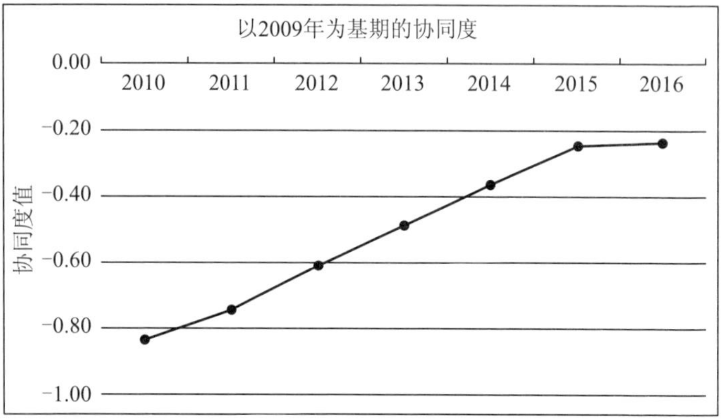

图 6-3 2009—2016 年福建沿海港口物流系统协同度趋势图

6.3.4 结论

1. 从各子系统有序度发展情况来看

如表 6-14 和图 6-2 所示,2009 年以来,港口物流基础设施子系统、港口物流规模子系统和港口城市经济环境子系统有序度呈逐年上升趋势,其主要原因可能是港口城市经济持续发展不仅给港口物流带来大量的货源,同时也加大了对港口物流基础设施的投入;港口可持续发展潜力子系统呈现无序状态,2011—2013 年、2015 年呈现下降趋势,其他年份呈现上升趋势,其主要原因可能是 2011—2013 集装箱吞吐量、外贸货物吞吐量增长率回落,2015 年港口货物吞吐量增长率回落,海运价格低位震荡,导致可持续发展潜力子系统有序度上下起伏。

2. 从福建沿海港口物流协同度发展情况来看

如表 6-14 和图 6-3 所示,福建沿海港口物流协同度近几年一直为负值,说明不能协同发展,但从趋势来看基本上呈现上升趋势,说明 2009 年福建沿海港口资源整合后,港口物流协同发展水平越来越好。

6.4 四个沿海港口物流协同度测算

6.4.1 福州港口物流协同度测算

1. 数据的无单位化处理

根据公式(6-4),对 2009－2016 年福州港口物流系统物流基础设施、港口物流规模、港口可持续发展潜力和港口城市经济环境四个子系统的数据进行无单位化处理。

2. 确定福州港口物流系统各子系统的指标权重

根据公式(6-5),计算福州港口物流各子系统的指标权重。

3. 计算福州港口物流系统各子系统序参量有序度

将无单位化处理的数据代入公式(6-1),计算得到福州港口各子系统序参量的有序度。

4. 计算福州港口物流系统各子系统有序度和系统协同度

将福州港口各子系统的指标权重和序参量有序度的数据代入公式(6-2),计算得到 4 个子系统的有序度。4 个子系统有序度的权重皆为$\frac{1}{4}$,根据公式(6-3),计算得出 2009—2016 年福州港口物流系统的协同度,结果如表 6-15 所示。

表 6-15 福州港口子系统有序度和系统协同度

年份	港口物流基础设施子系统(E_1)有序度 $U_1(E_1)$	港口物流规模子系统(E_2)有序度 $U_2(E_2)$	港口可持续发展潜力子系统(E_3)有序度 $U_3(E_3)$	港口城市经济环境子系统(E_4)有序度 $U_4(E_4)$	系统协同度 V(与 2009 年相比)
2009	0.059 939	0.045 615	0.705 171	0.041 347	—
2010	0.078 094	0.058 024	0.345 953	0.193 813	－0.864 438

（续表）

年份	港口物流基础设施子系统（E_1）有序度 $U_1(E_1)$	港口物流规模子系统（E_2）有序度 $U_2(E_2)$	港口可持续发展潜力子系统（E_3）有序度 $U_3(E_3)$	港口城市经济环境子系统（E_4）有序度 $U_4(E_4)$	系统协同度 V（与 2009 年相比）
2011	0.297 709	0.317 859	0.673 413	0.410 557	−0.772 253
2012	0.485 118	0.509 093	0.463 847	0.496 543	−0.603 706
2013	0.590 790	0.689 278	0.420 667	0.633 842	−0.487 122
2014	0.602 883	0.893 365	0.504 865	0.793 867	−0.414 121
2015	0.808 226	0.813 085	0.148 693	0.891 995	−0.269 279
2016	0.966 273	0.941 618	0.341 326	0.967 877	−0.226 822

根据表 6-15 相关数据，绘制出福州港口物流系统各子系统有序度的变化趋势图（如图 6-4 所示）和福州港口物流系统协同度趋势图（如图 6-5 所示）。

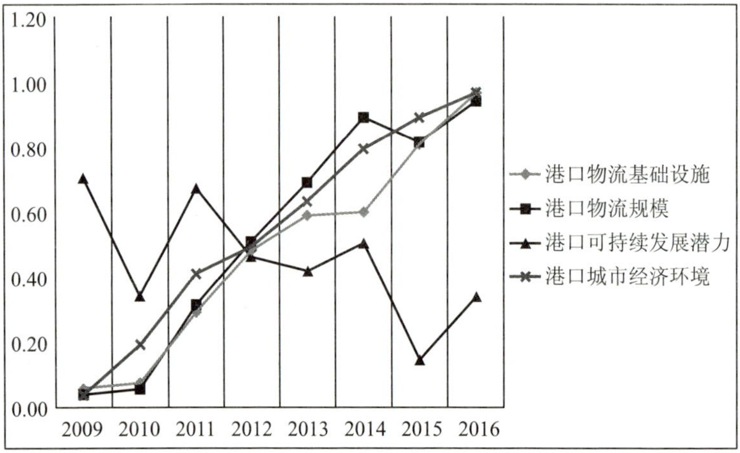

图 6-4　2009—2016 年福州港口物流系统子系统有序度趋势图

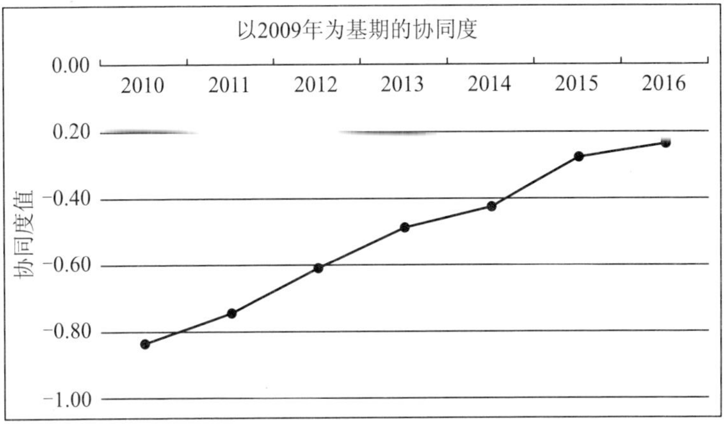

图 6-5　2010—2016 年福州港口物流系统协同度趋势图

6.4.2　厦门港口物流协同度测算

1. 数据的无单位化处理

根据公式(6-4),对 2009—2016 年厦门港口物流系统物流基础设施、港口物流规模、港口可持续发展潜力和港口城市经济环境四个子系统的数据进行无单位化处理。

2. 确定厦门港口物流系统各子系统的指标权重

根据公式(6-5),计算厦门港口物流各子系统的指标权重。

3. 计算厦门港口物流系统各子系统序参量有序度

将无量纲化处理的数据代入公式(6-1),计算得到厦门港口各子系统序参量的有序度。

4. 计算厦门港口物流系统各子系统有序度和系统协同度

将厦门港口各子系统的指标权重和序参量有序度的数据代入公式(6-2),计算得到 4 个子系统的有序度。4 个子系统有序度的权重皆为$\frac{1}{4}$,根据公式(6-3),计算得出 2009—2016 年厦门港口物流系统的协同度,结果如表 6-16 所示。

表 6-16 厦门港口子系统有序度和系统协同度

年份	港口物流基础设施子系统(E_1)有序度 $U_1(E_1)$	港口物流规模子系统(E_2)有序度 $U_2(E_2)$	港口可持续发展潜力子系统(E_3)有序度 $U_3(E_3)$	港口城市经济环境子系统(E_4)有序度 $U_4(E_4)$	系统协同度 V(与2009年相比)
2009	0.098 134	0.000 000	0.416 362	0.051 755	—
2010	0.321 552	0.255 401	1.000 000	0.177 920	−0.702 845
2011	0.336 796	0.427 201	0.626 516	0.344 934	−0.707 702
2012	0.399 046	0.567 479	0.491 432	0.478 414	−0.657 470
2013	0.482 508	0.754 538	0.570 355	0.592 131	−0.541 680
2014	0.587 347	0.903 988	0.452 394	0.721 075	−0.475 362
2015	0.719 283	0.970 990	0.259 583	0.841 405	−0.365 358
2016	0.873 549	0.957 469	0.102 269	0.972 706	−0.258 018

根据表 6-16 相关数据,绘制出厦门港口物流系统各子系统有序度的变化趋势图(如图 6-6 所示)和厦门港口物流系统协同度趋势图(如图 6-7 所示)。

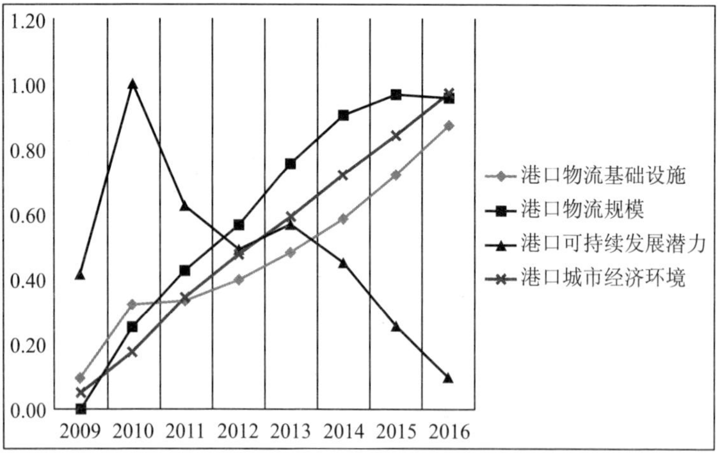

图 6-6 2009—2016 年厦门港口物流系统子系统有序度趋势图

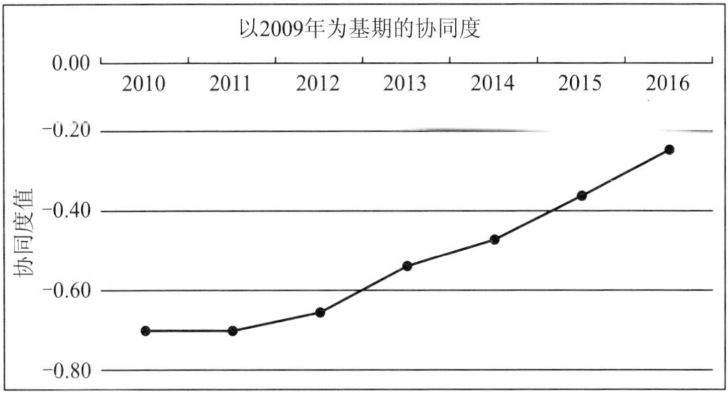

图 6-7 2010—2016 年厦门港口物流系统协同度趋势图

6.4.3 湄洲湾港口物流协同度测算

1. 数据的无单位化处理

根据公式(6-4),对 2009—2016 年湄洲湾港口物流系统物流基础设施、港口物流规模、港口可持续发展潜力和港口城市经济环境四个子系统的数据进行无单位化处理。

2. 确定湄洲湾港口物流系统各子系统的指标权重

根据公式(6-5),计算湄洲湾港口物流各子系统的指标权重。

3. 计算湄洲湾港口物流系统各子系统序参量有序度

将无量纲化处理的数据代入公式(6-1),计算得到湄洲湾港口各子系统序参量的有序度。

4. 计算湄洲湾港口物流系统各子系统有序度和系统协同度

将湄洲湾港口各子系统的指标权重和序参量有序度的数据代入公式(6-2),计算得到 4 个子系统的有序度。4 个子系统有序度的权重皆为$\frac{1}{4}$,根据公式(6-3),计算得出 2009—2016 年湄洲湾港口物流系统的协同度,结果如表 6-17 所示。

表 6-17 湄洲湾港口子系统有序度和系统协同度

年份	港口物流基础设施子系统(E_1)有序度 $U_1(E_1)$	港口物流规模子系统(E_2)有序度 $U_2(E_2)$	港口可持续发展潜力子系统(E_3)有序度 $U_3(E_3)$	港口城市经济环境子系统(E_4)有序度 $U_4(E_4)$	系统协同度 V(与 2009 年相比)
2009	0.000 000	0.022 531	0.406 055	0.060 347	—
2010	0.123 691	0.198 595	0.635 133	0.173 853	−0.839 415
2011	0.286 017	0.311 794	0.457 691	0.310 308	−0.780 781
2012	0.600 646	0.377 097	0.532 093	0.431 186	−0.636 978
2013	0.805 612	0.547 230	0.631 389	0.547 001	−0.489 425
2014	0.751 625	0.851 938	0.801 964	0.727 935	−0.338 868
2015	0.884 697	0.766 502	0.301 174	0.846 230	−0.370 142
2016	0.804 172	0.858 159	0.532 517	0.968 286	−0.331 450

根据表 6-17 相关数据，绘制出湄洲湾港口物流系统各子系统有序度的变化趋势图(如图 6-8 所示)和湄洲湾港口物流系统协同度趋势图(如图 6-9 所示)。

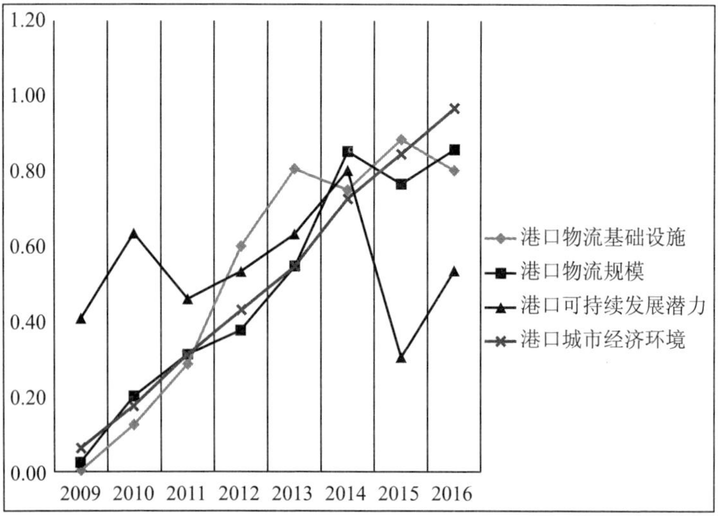

图 6-8 2009—2016 年湄洲湾港口物流系统子系统有序度趋势图

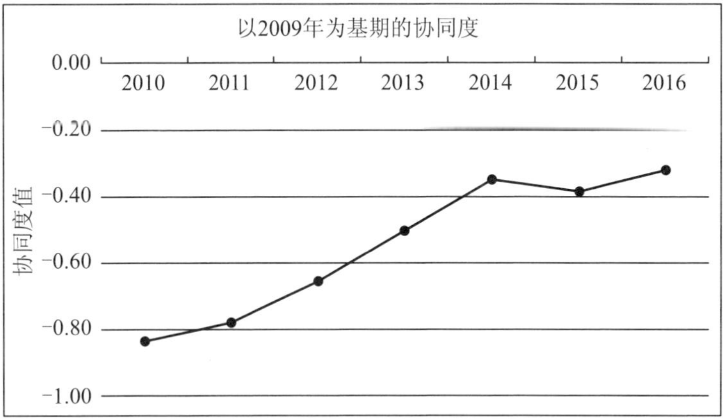

图 6-9 2010—2016 年湄洲湾港口物流系统协同度趋势图

6.4.4 泉州港口物流协同度测算

1. 数据的无单位化处理

根据公式(6-4),对 2009—2016 年泉州港口物流系统物流基础设施、港口物流规模、港口可持续发展潜力和港口城市经济环境四个子系统的数据进行无单位化处理。

2. 确定泉州港口物流系统各子系统的指标权重

根据公式(6-5),计算泉州港口物流各子系统的指标权重。

3. 计算泉州港口物流系统各子系统序参量有序度

将无量纲化处理的数据代入公式(6-1),计算得到泉州港口各子系统序参量的有序度。

4. 计算泉州港口物流系统各子系统有序度和系统协同度

将泉州港口各子系统的指标权重和序参量有序度的数据代入公式(6-2),计算得到 4 个子系统的有序度。4 个子系统有序度的权重皆为$\frac{1}{4}$,根据公式(6-3),计算得出 2009—2016 年泉州港口物流系统的协同度,结果如表 6-18 所示。

表 6-18 泉州港口子系统有序度和系统协同度

年份	港口物流基础设施子系统(E_1)有序度 $U_1(E_1)$	港口物流规模子系统(E_2)有序度 $U_2(E_2)$	港口可持续发展潜力子系统(E_3)有序度 $U_3(E_3)$	港口城市经济环境子系统(E_4)有序度 $U_4(E_4)$	系统协同度 V(与 2009 年相比)
2009	0.057 260	0.000 000	0.447 924	0.039 653	—
2010	0.219 245	0.168 984	0.671 615	0.141 957	−0.835 759
2011	0.346 003	0.319 410	0.772 613	0.317 213	−0.697 400
2012	0.446 451	0.482 864	0.638 328	0.476 508	−0.625 172
2013	0.658 807	0.538 945	0.077 444	0.623 581	−0.476 275
2014	0.776 529	0.744 858	0.416 076	0.759 099	−0.446 145
2015	0.675 821	0.909 031	0.506 072	0.86 0567	−0.398 337
2016	0.975 128	1.000 000	0.115 745	0.944 705	−0.211 225

根据表 6-18 相关数据，绘制出泉州港口物流系统各子系统有序度的变化趋势图（如图 6-10 所示）和泉州港口物流系统协同度趋势图（如图 6-11 所示）。

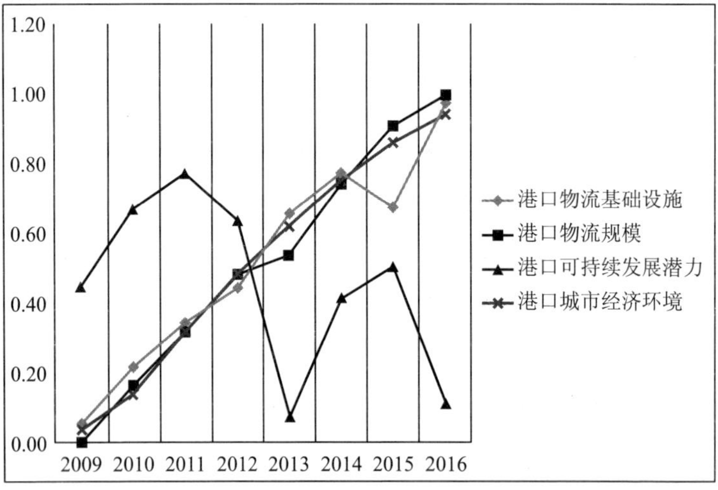

图 6-10 2009—2016 年泉州港口物流系统子系统有序度趋势图

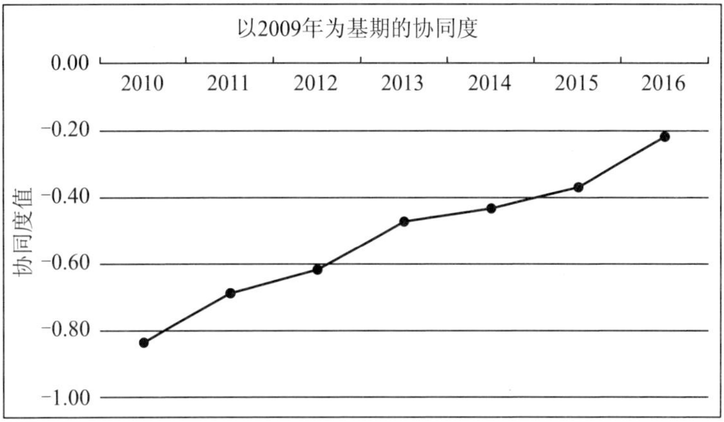

图 6-11 2010—2016 年泉州港口物流系统协同度趋势图

6.4.5 结论

1. 从福建四个港口物流各子系统有序度发展情况来看

如表 6-15、6-16、6-17、6-18 和图 6-4、6-6、6-8、6-10 所示，2009 年港口资源整合以来，福州港、厦门港、泉州港和湄洲湾港的港口城市经济环境子系统有序度逐年提升；港口物流规模子系统和港口物流基础设施子系统除个别年份略有下降外，总体上呈上升趋势。其主要原因可能是近年来港口城市经济总量不断增加及持续增长，给港口物流带来一定的货源支撑，泉州港依托于活跃的民营经济和发达的内贸，港口吞吐量逐年增长；厦门港依托于厦门和漳州城市经济及中转货物的增加，其港口吞吐量在四个港口中保持最大，而且厦门港和漳州港合并后资源整合较为顺利，造成泉州港和厦门港港口物流规模子系统有序度呈逐年上升趋势。福州港和湄洲湾港除 2015 年受经济下行压力影响较大，港口货物吞吐量和外贸货物吞吐量出现下降，造成港口物流规模子系统有序度略微下降外，其他年份都在提高。港口城市经济的持续发展对港口物流基础设施的影响也较大，福州港和厦门港港航固定资产投资年年都在增加，其港口物流基础设施子系统有序度在逐年增长；泉州港和湄洲湾港因为港口合并又分开的不利影响，造成泉州港2015年港航固定资产投资骤减，生产用码头泊位没有增加，湄洲湾港2014年和2016年港航固定资产投资出现下降，引起泉州港和湄洲湾港港口物流基础设施子系统有序度出现变化，但总体而言还是呈上升趋势。

这四个港口可持续发展潜力子系统呈无序发展状态，其主要原因可能是可持续发展潜力子系统主要由港口货物吞吐量增长率、集装箱吞吐量增长率和外贸货物吞吐量增长率构成，受港口城市各年份经济增长幅度不同，外贸进出口额变化造成外贸货物吞吐量增长率、各港口货物吞吐量和集装箱吞吐量增长率变化幅度较大，无规律而言。

2. 从福建四个港口物流系统协同度发展情况来看

如表6-15、6-16、6-17、6-18和图6-5、6-7、6-9、6-11所示，2009年以来，四个沿海港口物流系统协同度一直为负值，说明不能协同发展。福州港、厦门港和泉州港的港口物流系统协同度呈现逐年上升趋势，湄洲湾港除2015年受港口货物吞吐量、集装箱吞吐量和外贸货物吞吐量下降出现负增长，影响了港口物流系统的协同度，其他年份协同度呈上升趋势，说明四个港口物流协同发展水平越来越好。

6.5 影响福建沿海港口物流协同发展的原因

6.5.1 体制机制落后，顶层设计不足

最早福建沿海港口是以行政区划划分的，并且每个港口都设有港口管理局，六个港口对应六个港口管理局。湄洲湾北岸的莆田港归属莆田港口管理局管理，南岸的泉州港归属泉州港口管理

局管理，厦门湾北岸的厦门港归属厦门港口管理局管理，南岸的漳州港归属漳州港口管理局管理，一湾两港分属不同的行政部门管理，必然造成港口资源的不合理规划，同质竞争严重，不利于福建沿海港口物流的发展。2009 年福建省委省政府就通过了《福建省港口体制一体化整合总体方案》，将福建沿海港口整合为福州港、厦门港和湄洲湾港三大港口群，设置跨福州和宁德行政区划的福州港口管理局、跨泉州和莆田行政区划的湄洲湾港口管理局、跨厦门和漳州行政区划的厦门港口管理局，统管三大港口群 。但是从方案通过到港口整合的最后批复，持续了两年多，并且在整合新湄洲湾港的过程中，没有考虑到泉州港的历史地位及物流规模，造成整合过程困难重重没有实现预定目标，泉州港面临湄洲湾港口管理局和泉州港口管理局的双重领导，直到 2015 年省政府决定将泉州港口管理局归入省直管，泉州港得以保留。出现这种问题跟顶层设计不足有很大的关系，没有全面考虑港口的实际情况，没有进行科学规划，最后无法执行，影响了政府的公信力。

6.5.2 地区利益至上，协同观念缺乏

港口是产业经济与城市发展的深度融合，港口发展对地方经济带动效应明显，其直接贡献是带动了码头建设、船舶维修、码头作业、仓储、运输及报关、货代、船代、堆场、拖车等服务性行业的发展，间接贡献是带动了港口相关的金融、保险等行业的发展及港口产业集群的形成，诱发了地区 GDP 的发展。以天津港为例，据专门性的研究机构测算：其每万吨货物吞吐量对天津 GDP 的贡献约为 120 万元，可以解决当地 26 人的就业，港口生产经营诱发其他行业直接或间接经济贡献的比值为 1∶5，提供就业的比值为 1∶9（陈西艳等，2006），因此港口城市都非常重视港口的发展。

近年来，福建四个沿海港口所属的地区政府都想扩大港口规模，发展国际或国内中转业务，把港口发展成为干线港或枢纽港，做大做强港口经济，并出台了各种措施来扶持港口业务，吸引港口

货源。

2015 年 2 月 12 日，中共福建省委办公厅、福建省人民政府办公厅印发了《关于进一步深化港口体制机制改革的若干意见》，提出全力支持厦门国际集装箱枢纽港建设，沿海其他设区市和港口要增开到厦门港的外贸内支线，为厦门港提供集装箱喂给，促进外贸集装箱向厦门港集聚，加快厦门东南国际航运中心建设。厦门港口管理局、厦门市财政局于 2016 年 5 月 19 日出台了《关于 2016 年扶持港口集装箱业务发展的通知》（厦港〔2016〕121 号），决定对 2016 年度经厦门港中转的集装箱海铁联运、内支线中转、码头中转箱、“厦门—台中”点对点、国际中转箱等港口集装箱业务进行扶持，对内支线中转业务增量、集装箱吞吐量重大贡献等给予奖励（厦门港口管理局，2016）。

2017 年 1 月 26 日，福州市人民政府印发了《福州市“十三五”物流业发展规划》，提出要把福州港建设成为多式联运国际航运枢纽，重点拓展国际贸易、采购、中转和配送业务，提升港口辐射能力，做大国际物流，拓展福州市至东南亚、西亚、欧洲等国际海上航线。并于 2017 年 3 月 13 日出台了《福州港口生产发展扶持政策（2017—2020 年）》的通知（榕政办〔2017〕65 号），决定从 2017 年 1 月 1 日起至 2020 年 12 月 31 日止，对江阴港区发展集装箱航线和运量、整车进出口给予补贴，对福州港发展大宗散货中转和陆地港建设给予补贴等优惠政策。

泉州市人民政府于 2015 年 12 月 28 日出台了《泉州市人民政府关于进一步促进集装箱从泉州港进出的若干意见》（泉政文〔2015〕156 号），对在泉州港口岸代理集装箱装卸的船货代企业、集装箱码头企业、从事内外贸集装箱运输的班轮公司或航运企业实行优惠奖励政策，对组织集装箱货源从泉州港进出或为进出泉州港集装箱提供通关查验服务的陆地港（含集装箱场站、海关查验场站），分箱量予以奖励。2016 年 6 月 23 日，泉州市人民政府印发了《泉州市“十三五”现代物流业发展专项规划》，提出要依托泉州港港口基础设施完善、积极培育外贸集装箱航线，建设区域性、国际性航运综合枢纽，将泉州建设成为内陆地区与“海丝”航路连接的重要出海通道，加强与国内外港口交流合作，鼓励开展国际中转业务，加密和新辟集装箱航线航班，开展国际中转业务。

而湄洲湾港在“十三五”期间也提出要转型发展，打造东南沿海“海上丝绸之路”大宗能源材料进口重要口岸，大力培育集装箱运输，推进集装箱（内贸、喂给）中转业务，加大扶持力度，健全支线网络，吸引周边地区集装箱来港中转（福建省交通运输厅，2016）。2014 年，莆田市政府出台了《关于促进港口生产发展五条政策措施的通知》（莆政综〔2014〕50 号），湄洲湾港口管理局于 2016 年 12 月 12 日发布《关于 2015 年度莆田市港口生产发展补助资金的公示》，对福建八方港口发展有限公司等 3 家企业发放 2015 年度港口生产发展专项补助资金。

可见“十三五”期间，厦门港、福州港和泉州港都想发展集装箱国际中转业务，湄洲湾港除了发展散货运输，也想发展内贸集装箱中转业务。福建四个沿海港口所属城市都想通过建设港口基础设施，出台各种扶持港口生产的政策来吸引货源，扩大港口物流规模，发展枢纽港或干线港，初衷是好的。但福建经济总量有限，腹地狭小及存在交叉，缺乏特色和突出优势，并且四个沿海港口之间距离很近，如泉州港和厦门港，泉州港和湄洲湾港距离均不超过 200 公里，从国际经验来看，200 公里内不应有同等规模的港口，在有限的地域范围内，都想做大集装箱中转业务，成为干线港或枢纽港，这既不可能也不现实。这种缺乏协同、地区利益至上的思想，必然造成福建四个沿海港口业务大量同质化，最终带来恶性竞争和港口基础设施的重复建设，使港口设计通过能力过于超前，造成港口资源闲置，无法协同发展，削弱了福建沿海港口物流整体的竞争力。受福州港和泉州港所属港口城市财政扶持政策影响，2017 年厦门港集装箱货源出现分流，货量减少。

6.5.3 要素流动不畅，港口发展不均衡

港口物流的发展离不开经济、产业、资本、技术、人才等要素，这些要素在区域内的优化配置是实现福建沿海港口物流协同发展的必要条件。目前这些要素在福建沿海各港口之间及各港口不同港区之间流动不畅，造成福建四个沿海港口在港口基础设施建设、吞吐量、信息化水平、综合服务水平上发展很不均衡。

1. 各港口之间要素流动不畅，造成港口发展不均衡

由于港口城市经济发展的差异、行政分割和各种体制机制等原因，造成不同的港口在吸引资本、技术和人才、发展临港产业上差距较大。如港口所属城市政府往往只注重对当地港口的投资和扶持，尽量引导本地货源往当地港口走，城市经济发展较好的港口不管在港航基础设施投资、信息化建设，还是政策及财力扶持上都占据优势，也吸引更多的专业人才投身于港口发展，有利于临港工业的发展和港口物流运作效率及服务水平的提升，吸引更多的货源。由于福州、厦门、泉州、湄洲湾港所属城市经济发展不平衡，特别是湄洲湾港所属的莆田市经济发展水平与福州、厦门和泉州差距较大，导致福州、厦门和泉州港对湄洲湾港货源和要素形成虹吸效应。港口物流协同发展的前提是组成港口群的港口合理分工、优势互补、资源优化配置。如第四章表 4-20 所示，2016 年福建四个沿海港口吞吐量排名中，福州港在金属矿石吞吐量上以 76.65% 占据绝对地位，泉州港在石油、天然气及制品吞吐量上以 79.45% 占据绝对地位，这与福州和泉州已形成两大产业链有很大的关系，这从另一方面也显示出这两个港口已经有了一些自己的优势产业。但就目前来看，由于福建省各港口城市多数产业链优势不明显，导致各个港口业务发展同质化明显，优势互补尚未形成。

(1)从港口基础设施能力来看

《中国港口统计年鉴 2017》数据显示，从生产用码头泊位来看，

2016年底福建沿海港口共有生产用码头泊位数492个，其中厦门港164个、福州港179个、泉州港104个、湄洲湾港45个；万吨以上泊位数量厦门港有75个、福州港57个、泉州港25个、湄洲湾港11个；泊位长度上厦门港有29 236米、福州港25 207米、泉州港15 971米、湄洲湾港5 836米；从泊位设计通过能力来看，在散货、件杂货物泊位设计通过能力上，福州港11 134万吨、厦门港8 673万吨、泉州港10 761万吨、湄洲湾港3 603万吨，在集装箱泊位设计通过能力上，厦门港1 031万TEU、福州港259万TEU、泉州港136万TEU、湄洲湾港4万TEU。湄洲湾港在生产用码头泊位数量、万吨以上泊位数、泊位长度、泊位设计通过能力上与其他三个港口都存在较大的差距。

(2)从信息化水平来看

厦门港在信息化水平建设上走在福建省沿海港口前列。厦门港已完成了物流数据申报系统、通关数据查询系统、海关电子关锁系统、进口货物检验检疫电子闸口系统、"提前报关、卡口分离、实货验放"系统、海沧保税港区信息平台等系统和平台的建设。2015年4月，福建自由贸易试验区厦门片区国际贸易"单一窗口"正式上线运行，这标志着厦门口岸通关便利化水平再上新台阶，"单一窗口"首批开通上线运行门户网站、自贸试验区报关报检系统、海运快件监管、船舶联检一体化、一般贸易检验检疫申报系统等应用功能，企业接入电子口岸信息平台，即可办理上述业务，享受高效便捷的通关服务(徐景明，2015)。2016年10月，由厦门港务控股集团自主开发建设的厦门港集装箱智慧物流平台投入运行，属国内首创、国际一流，实现了全物流链的查询及追踪功能，大幅度提升了港口物流业态系统的运作效率和水平，标志着厦门港开启"智慧港口"的新时代(谢嘉晟等，2016)。厦门港集装箱智慧物流平台的运行不仅使相关工作人员减少三分之二，而且大大降低了企业的运营成本，缩短了集装箱三分之二的通关时间。

福州港信息化建设紧随其后。2013年12月，福州港口信息化建设项目全面启动。2014 年 11 月,信息化项目(一期)管理业务系统提交部分用户试运行。2016 年 1 月,福州港口物流信息平台的报关行投单系统正式上线,福港集箱青州及江阴两港区已基本实现线上申报取代纸质申报,大幅度提升了企业的办公效率,节省了人力资源,提高报关单审核的正确率(福州港务集团有限公司,2016)。福州港船舶调度信息系统也同时上线福州港口物流信息平台,福州港信息化建设有了进一步提升。

相较而言,因为港口整合不利的影响,目前泉州港和湄洲湾港在信息化方面还较为薄弱。近年来湄洲湾港启动了港口信息化支持保障系统项目建设,试图把港口管理的相关政府部门和港口运营企业各自管理系统的数据实现互通和互换。一期工程已建成了综合业务管理、船舶引航调度、港区视频监控等多个系统,实现了全部行政审批事项全流程网上办理。二期工程也正在逐步展开,力推湄洲湾港口政务管理、业务管理与信息服务水平的全面发展,为湄洲湾港口信息服务平台的建设奠定基础(湄洲湾港口管理局,2016)。泉州港由于大部分业主公共码头存在同质竞争,吞吐能力大量闲置,公共码头利用率低下,企业经营困难,目前还处于港口物流企业和业主公共码头资源整合过程中,在信息化方面还处于港口物流信息化整合,实现港口物流各单位数据互联互通阶段(泉州晚报,2017)。

(3)从物流服务水平来看

港口物流服务水平主要表现为通关环境、港口装卸效率、船舶在港平均锚泊时间等指标,由上海国际航运研究中心所编制的沿海集装箱港口综合服务评价指数较好地反映了港口物流服务水平。2016 年《沿海集装箱港口综合服务评价指数》主要基于大数据系统对泊位装卸效率、平均锚泊时间、航道便利条件等进行定量化的实时、动态评估,具有较强的客观性;同时,依托业内专家和港口客户对港口海事服务等环节进行体验式评价,综合衡量当前各集装箱港口的生产效率与服务水平(白宇,2016)。2016 年 12 月 14

日,《沿海集装箱港口综合服务评价指数》2016 版发布,在 2016 年国内沿海集装箱港口综合服务排名中,厦门港排名第四,泉州港排名第十一,福州港排名第十三,东南沿海港口群港口综合服务总体上落后于长三角、珠三角和环渤海沿海港口群。

2. 同一港口不同港区之间要素流动不畅,造成港区发展不均衡

虽然 2009 年福建省港口资源整合方案发布后,厦门港对漳州港,福州港对宁德港进行了合并,但是直到目前为止,厦门港和福州港并没有真正实现资本、技术、人才等各要素在各个港区之间的合理流动,协同发展程度很低。造成同一个港口不同港区之间要素流动不畅的主要原因在于合并后的港口管理所属城市政府往往优先发展原有的港区,而忽视后合并进来的港区,在港航基础设施建设、港口布局及规划、信息化建设方面都存在较大的差距,造成港口经营专业人才也分布不均,拉大了不同港区之间的发展水平。厦门港合并漳州港,福州港合并宁德港后,漳州港区和宁德港区并没有发生太多的改观。

《中国港口年鉴 2009》数据显示,福建省港口资源整合方案发布前,截至 2008 年年底,福州港共有生产性泊位 116 个,其中万吨级以上泊位 36 个,完成货物吞吐量 6 702.59 万吨,其中集装箱吞吐量 117.67 万 TEU;宁德港共有生产性泊位 39 个,其中万吨级以上泊位 2 个,完成货物吞吐量 1 007.26 万吨,其中集装箱吞吐量 1 610TEU。2009 年福建省港口资源整合方案发布后,福州港共有 9 个港区,其中原福州港 5 个,宁德港 4 个。《中国港口年鉴 2017》数据显示,截至 2016 年年底,合并后的福州港共有生产性泊位 179 个,其中万吨级以上泊位 55 个,货物吞吐量为 14 515.66 万吨。其中属于原宁德港的四个港区:三都澳港区、白马港区、沙埕港区和三沙港区共有生产性泊位 54 个,万吨级以上泊位 6 个,货物吞吐量只有 2 703.56 万吨,其中集装箱吞吐量 7.35 万 TEU。2016 年年底属于原福州港的闽江口内港区有 75 个生产性泊位,总通过能力

3 440 万吨；罗源湾港区有 10 个万吨级以上泊位，2016 年总通过能力 4 108 万吨；江阴港区有 9 个万吨级以上泊位，2016 年总通过能力 2 851 万吨，其中集装箱吞吐量 175 万 TEU，占福州港的比重达到 67.6%。而属于原宁德港的沙埕港区和三沙港区只有生产性泊位 13 个，没有万吨级以上泊位，2016 年总通过能力分别为 53 万吨和 75 万吨，原宁德港四个港区除三都澳港区集装箱吞吐量为 3 万 TEU 外，其他三个港区为零。对比 2008 年和 2016 年的数据可以看出，福州港和宁德港合并后，经过约 8 年时间的发展，原宁德港四个港区生产性泊位数量增加了 15 个，其中万吨级以上泊位仅仅增加了 4 个，货物吞吐量增加了 1 696.3 万吨，其中集装箱吞吐量增加了 7.34 万 TEU，在绝对量上增长不明显。

《中国港口年鉴 2009》数据显示，2008 年年底漳州港共有生产性泊位 13 个，其中万吨级以上泊位为零，完成货物吞吐量 631.69 万吨，其中集装箱吞吐量为零。《中国港口年鉴 2017》数据显示，截至 2016 年年底，合并后的厦门港共有生产性泊位 164 个，其中万吨级以上泊位 75 个，港口货物吞吐量为 20 910.78 万吨，集装箱吞吐量为 961.37 万 TEU。其中属于原漳州港的四个港区：东山、古雷、诏安、云霄共有生产性泊位 32 个，其中万吨级以上泊位 7 个，货物吞吐量为 1 353.71 万吨，集装箱吞吐量为零。对比 2008 年和 2016 年的数据可以看出，厦门港和漳州港合并后，经过约 8 年时间的发展，原漳州港四个港区生产性泊位数量增加了 19 个，其中万吨级以上泊位增加了 7 个，但港口货物吞吐量仅增加 722.02 万吨，集装箱吞吐量依然为零，其中云霄港区和诏安港区至今尚未开发。

6.6 本章小结

本章首先介绍了港口物流系统的构成和港口物流协同模型的构建方法。港口物流系统是个多主体、多层次的复杂系统，由许多子系统构成。港口物流系统涉及多个主体，包括码头、货主、船公司、货代、物流企业、商检、海关、银行、税务等。港口物流系统是一个复杂的非线性系统，涉及港口物流设施、操作、运营、港口与区域经济环境的交换等方面，映射成四个子系统，表现为子系统之间存在相互作用。

其次，在构建港口物流系统综合评价指标体系的基础上，对福建沿海港口物流系统各子系统有序度和系统协同度进行测算，并绘制出福建沿海港口物流系统各子系统有序度变化趋势图和港口物流系统协同度趋势图。研究结论如下：(1)从各子系统有序度发展情况来看，2009 年港口资源整合以来，港口物流基础设施子系统、港口物流规模子系统和港口城市经济环境子系统有序度呈逐年上升趋势，可持续发展潜力子系统呈无序发展状态；(2)从福建沿海港口物流协同度发展情况来看，协同度近几年一直为负值，说明不能协同发展，但从趋势来看基本上呈现上升趋势，说明港口资源整合后，港口物流协同发展水平越来越好。

再次，对福州、厦门、湄洲湾和泉州港口物流各子系统有序度和系统协同度进行测算，并绘制出相应的各港口物流子系统有序度变化趋势图和系统协同度趋势图。研究结论如下：(1)从四个港口物流各子系统有序度发展情况来看，港口城市经济环境子系统有序度逐年提升，港口物流规模子系统和港口物流基础设施子系统除个别年份略有下降外，总体上呈上升趋势，可持续发展潜力子系统呈无序发展状态；(2)从四个港口物流系统协同度发展情况来看，协同度一直为负值，说明不能协同发展，福州、厦门和泉州港口物流系统协同度呈现逐年上升趋势，湄洲湾港协同度除 2015 年出现负增长外，其他年份呈上升趋势，说明四个港口物流协同发展水平越来越好。

最后，分析影响福建沿海港口物流协同发展的原因，认为主要原因在于：(1)体制机制落后，顶层设计不足；(2)地区利益至上，协同观念缺乏；(3)要素流动不畅，港口发展不均衡。

7

福建沿海港口物流协同发展战略及对策建议

从福建省沿海各港口物流发展现状分析来看，当前福建四个沿海港口物流发展很不均衡，厦门港在吞吐量、转口货物、港口泊位、开通集装箱航线、信息化建设、港口服务等方面都远超其他三个港口，其东南国际航运中心的地位正逐渐形成；湄洲湾港在吞吐量、港口泊位和信息化建设等方面都落后于其他三个沿海港口。

从福建港口物流总体发展现状来看，虽然福建省拥有良好的港口资源，但是当前福建港口在吞吐量、深水港口泊位占比、综合实力上都弱于环渤海地区港口群、长江三角洲地区港口群和珠江三角洲地区港口群。

从福建港口物流协同发展现状来看，自 2009 年福建对港口资源整合以来，港口物流基础设施子系统、港口物流规模子系统和港口城市经济环境子系统有序度呈逐年上升趋势，可持续发展潜力子系统呈无序发展状态；协同度近几年一直为负值，说明不能协同发展，但从趋势来看基本上呈现上升趋势。

以上分析说明，当前福建沿海港口之间的发展还很不平衡，福建港口资源并没有实现高效合理的利用，港口资源的过度开发依然存在，港口的整体竞争能力不强。为实现福建港口的协同发展，必须要对各港口加强规划，进行合理的定位，提出适合福建港口协同发展的战略和对策。

7.1 福建沿海港口发展定位

7.1.1 总体发展定位

《推动共建丝绸之路经济带和 21 世纪海上丝绸之路的愿景与行动》(下称《愿景与行动》)中明确提出支持福建建设 21 世纪海上丝绸之路核心区，由于“一带一路”的初衷是加强与亚欧非之间的互联互通和合作，鉴于福建沿海港口地处台湾海峡西岸，台湾海峡是太平洋西岸航线南北通衢的必经之地，福建沿海港口的定位应立足于加强与“海上丝绸之路”沿线国家和地区在港口建设、港口集货、港口存货、港口配货、口岸通关、物流信息化、港口物流园区等方面的合作，力争建设成为连接21世纪海上丝绸之路沿线国家和地区重要的枢纽。

7.1.2 各港口发展定位

福州港定位于区域综合枢纽港。在我国《商贸物流发展“十三五”规划》中，福州是39个全国性商贸物流节点城市之一。根据福州港港区特点和现有产业发展情况，福州港主要发展集装箱内外贸运输和内支线运输，汽车整车进口，粮油、水产肉类冻品、畜牧储备的运输和中转及散杂货的运输和中转。

厦门港定位于东南国际航运中心、国际集装箱枢纽港和区域性邮轮母港。在我国《商贸物流发展“十三五”规划》中，厦门是39个全国性商贸物流节点城市之一。根据厦门港港区特点和现有产业发展情况，厦门港应重点发展国际集装箱干线运输、国际集装箱中转、到达厦门港的外贸内支线运输、大宗散杂货运输、LNG（液化天然气）、石油化工品等液体运输和邮轮母港业务，加强与“海上丝绸之路”沿线国家和地区的港航合作，推动厦门到东盟国家邮轮航线的开通。

泉州港定位于区域综合枢纽港。泉州民营经济发达，地区生产总值历年位居福建首位。在我国《商贸物流发展“十三五”规划》中，泉州是65个区域性商贸物流节点城市之一。泉州港是古代丝绸之路的起点之一，根据泉州产业发展特点和泉州港“一带一路”沿线集装箱运输枢纽的发展目标，泉州港以集装箱内贸运输和石化液体运输为主，发展大宗散杂货运输和“一带一路”沿线国家的集装箱外贸运输。

湄洲湾港定位于区域散货枢纽港。受制于湄洲湾港口基础设施、莆田经济和产业发展的影响，湄洲湾港口物流发展缓慢。根据湄洲湾港现实情况和莆田市产业发展特点，湄洲湾港重点发展煤炭、矿石、木材等大宗散货运输和中转业务，LNG、石油化工品等液体运输，打造东南沿海"海上丝绸之路"能源矿产进口的重要口岸，成为中转和加工基地。

7.2 福建沿海港口物流协同发展战略

7.2.1 横向协同发展战略

福建沿海港口资源丰富且自然条件良好，港口之间距离很近，经济腹地狭小，这些特点决定了福建沿海港口之间必然存在激烈的竞争，但在竞争的过程中要注意彼此之间保持良好的合作关系，只有各港口之间建立有效的竞争和合作关系，才能实现港口之间的优势互补，促进共同发展，进而提升福建沿海港口群的整体竞争力。从国际港口的布局情况来看，为避免过度竞争，一般平均方圆2 000公里以内不应该有同等大规模的港口并存，200公里以内不应有同等规模的港口。鉴于厦门港港区特点和近几年国际集装箱干线运输和中转运输发展较好，已基本确立了东南国际航运中心的地位，福州港、泉州港和湄洲湾港也要积极参与其中，开通与厦门港之间的集装箱支线建立国际枢纽港和区域枢纽港的战略联盟关系，可以避免相互之间的恶性竞争，提高区域港口的竞争优势。鉴于福州港和泉州港城市经济发展较好，可以根据自己的产业特色保留一些外贸线和内贸线，与厦门港航线形成互补。湄洲湾港可以通过大力发展大宗散货接卸转运中心，与其他三个港口形成优势共补。

当然港口之间的横向协同发展离不开政府的支持和指导，由于福建各个沿海港口都由当地的港口管理局管理，鉴于各级政府地方保护主义心态，难免会出现各自为政的状况。好在福建四个沿海港口都在福建行政区划范围内，福建省政府应该发挥主导作用，制定福建沿海港口总体发展规划，优化配置港口岸线资源，明确各个沿海港口的定位,引导各个港口合理规划,充分发挥福建沿海港口的协同效应,提升福建区域沿海港口的整理竞争力。

由于我国沿海港口资源开发过度,相邻港口之间的距离屡创新低,港口之间恶性竞争频发,2017 年以来,我国多省如辽宁、江苏等地开始港口资源的整合。2017 年 6 月,福建省拉开更高层面的港口资源整合,福建省国有资产监督管理委员会 2017 年 6 月 14 日通报,经福建省政府批准,无偿划转所持福建省港航建设发展有限公司股权给福建省交通运输集团有限责任公司。整合重组后,福建省交通运输集团将统筹区分港口的投融资、开发建设和运营管理,发挥协同效应,充分发挥港航公司优势,加速推进福建港口整合工作,努力打造成以“港口为龙头,立足福建、布局两岸、辐射一带一路”的大型现代港口服务企业集团(朱勇,2017)。

7.2.2 纵向协同发展战略

福建沿海港口的协同发展,除了港口之间通过横向合作减少恶性竞争,还要注意港口与以港口为核心的供应链上下游成员之间形成良好的合作关系,提高整个供应链的竞争力。供应链是围绕核心企业,通过对物流、信息流、资金流的协调与控制,从采购原材料开始,一直到完成最终产品,最后将产品送到消费者手中的将供应商、制造商、分销商、零售商和最终用户连成一个整体的功能网络结构。在全球供应链下,港口已经成为综合运输体系的重要节点,以港口为中心的由港口、货主、船公司、货代、报关行、堆场、拖车公司等上下游企业组成的供应链已经形成。加强港口供应链成员间的协作和共同发展,可以提高港口供应链的整体竞争力。

福建沿海港口在纵向协同发展过程中,要注意以下几点:(1)与船公司建立良好的合作关系,鼓励船公司投资港口建设,通过建立双方之间的利益合作关系,发挥船公司的积极性,吸引船公司把干线船和货物运到福建沿海港口,实现港口和船公司之间的利益共赢;(2)对于港口来说,货源是最重要的,因此在保持现有老客户的情况下,也要不断开发开拓腹地资源,开发新客户,通过提高港口服务水平和效率把货主的货物吸引到福建沿海港口;(3)与货代、船代、报关行、堆场、拖车公司等建立良好的协调和互动机制,以提升港口供应链的整体竞争力,更好地为货主和船公司服务;(4)大力发展临港工业和临港物流园区,通过经济发展带动港口的进一步发展。

7.3 福建沿海港口物流协同发展对策建议

7.3.1 政府方面

1. 统一规划港口,整合资源优势

目前福建沿海港口物流的协同发展水平不高,但呈上升趋势,当前国家"一带一路"倡议在国际上已经产生了较大的影响,福建被定位于21世纪海上丝绸之路核心区,要充分发挥港口的优势,福建沿海港口的协同发展必须制定长远的发展规划,统筹协调各港口的规划、定位和布局,加强与"海上丝绸之路"沿线国家和地区在港口和临港产业的合作,防止地方保护主义各自为政对港口带来的无序影响,避免基础设施重复建设。福建经济腹地狭小的特点决定了福建沿海港口在有限的区域内不可能个个都成为干线港或区域性枢纽港,必须利用各港口资源特点,进行分工和合作,实现优势互补,才能促进福建沿海港口的协同发展,提升福建沿海港口的整体竞争力。《2016年中国港口集装箱吞吐量前十名排行榜》中,厦门港排名第七,略胜"十三五"规划中我国四大国际航运中心的大连港。由于厦门港目前深水泊位、集装箱专业泊位齐全,港口信息化水平高,具备良好的中转条件,泉州、福州等地经济实力较强,但港口区位条件不如厦门港,湄洲湾港集装箱泊位少,因此应尽量促使福州港、泉州港和湄洲湾港的货物往厦门港中转,使厦门港成为与“一带一路”沿线国家和地区互联互通的海运重要枢纽，成为真正意义上的东南国际航运中心。《2017年厦门港口管理局年度工作会议报告》显示，2016年厦门港集装箱中转量达到23.86%，国际中转箱比例不到5%，与我国四大航运中心中的上海港、天津港还有较大的差距（厦门港口管理局，2017）。面对现实条件，福建省政府应完善厦门港集装箱布局，做大集装箱水水中转与海铁联运业务，研究如何吸引周边港口到厦门港中转集装箱的优惠政策，壮大厦门国际集装箱中转港的地位。同时要加强对福建沿海港口的有序管理，统一制定福建沿海港口物流发展战略和政策，港口岸线资源分配，为福建沿海港口物流协同发展提供良好的条件。

2. 拓展海内外腹地资源，提升港口辐射能力

福建沿海港口地理位置优越，港口自然条件良好，但福建省经济总量不大，仅依赖福建本省的货源，无法做大做强福建沿海港口的整体实力，必须大力拓展腹地资源。一是拓展陆地腹地，把腹地延伸到邻近福建省的江西、湖南等内陆省份。由于福建四个港口之间距离很近，经济腹地狭小且存在交叉，同质化经营普遍存在，为避免恶性价格竞争，福建省政府应该实施“走出去”战略，通过发展与邻近省份的经贸合作与交流，充分发挥向莆、外福、鹰厦铁路的货运功能，利用海铁联运的优势向江西、湖南等内陆省份推介港口，统一制定相关优惠政策措施，鼓励邻近省份的货源从福建出海。为更好地拓展海运的货源，可以在福建的内陆地区如三明、南平、龙岩等地，江西及海南省部分地区建立陆地港。二是拓展海向腹地，以厦门港为中心，通过大力增加国际集装箱班轮航线和航班密度，不断培育国际集装箱中转业务，健全厦门港与邻近港口的支线网络，吸引福建周边地区的集装箱来福建港口中转。在大力提升厦门集装箱干线港的地位过程中，要制定吸引福建周边省份港口的集装箱到厦门港中转的优惠政策，并增开这些港口到厦门港的支线,使之成为有影响力的东南国际航运中心,以带动福建其他三个沿海港口的发展。三是通过加大福建与"海上丝绸之路"沿线国家的经贸往来,借助港口打造海上中转基地,也可以利用闽台独有的地缘优势,扩大两岸经贸往来,促进福建沿海港口在对台贸易中的地位。

3. 优化港口物流发展的软环境,建立跨区域的港口综合协调机制

软环境是相对硬环境而言的,指硬件基础设施之外的,涉及政策、文化、法律法规、金融、服务、人员素质等因素。港口物流是个复杂系统,受到外界经济、文化、社会等因素的影响。政府政策的扶持、法律法规的健全、海关服务的高效便捷、金融保险业务的完善、港口物流信息平台的建设都会改善港口发展环境,吸引更多的船公司、港口相关服务方和港口产业集群集聚港口,促进港口物流的发展。当前,我国过于重视港口的硬件基础设施和港口的吞吐能力,对港口软环境和服务质量重视不够,鹿特丹、伦敦等国际港口虽然吞吐量远不及上海港,但它们却以软实力在国际上享有很高的声誉,如伦敦是全球最大的航运服务市场,其定期公布的运价、船价、各国航运政策动态等在各国航运界享有很高的参考价值。因此,福建省可以出台促进港口物流发展的政策意见等,扶持港口开拓货源、开辟新航线、发展增值业务,同时要努力协调、完善海关、商检、税务等为港口服务的水平,提升港口服务质量,加快通关速度和出口退税速度,避免货物长时间滞留港口,为货主带来不必要的损失。由于福建省沿海港口资源丰富,水域管理复杂,如湄洲湾北岸在行政区划上属于莆田市,南岸属于泉州市,厦门湾南岸在行政区划上属于漳州市,北岸属于厦门市,鉴于一湾分属不同行政区划的现实状况,为合理利用港口资源,强化港口岸线管理,避免重复建设,福建省急需建立高效、跨区域的港口综合协调机制,加强区域港口管理机构的协调,推动区域港口互利合作,协调发展。根据中共福建省委办公厅、福建省人民政府办公厅《关于进一步深化港口体制机制改革的若干意见》(闽委办发〔2015〕3 号),福建省交通运输厅要承担起协调委员会召集工作,协商解决区域内港口规划、建设、运营、管理等重大事项。同时福建省委省政府要制定规范港口发展的规章制度、港口服务标准和资费标准,促进港口运营标准化和透明化,坚决制止恶性竞争行为。

4. 发展港口城市经济,提高临港产业集聚力

城市经济与港口物流的发展是相辅相成的关系,港口物流的发展,壮大了与港口相关的金融、保险、货代等临港产业的发展,推动了城市经济的发展;城市经济的发展为港口物流的发展提供货源和资源保障,促进港口基础设施的提升。科学合理地规划港口物流与城市经济的协调发展,才能最大限度地发挥彼此之间的相互作用,促进共同发展。福建省要充分发挥港口优势,加强临港产业规划与港口等相关规划的衔接,优化和完善临港产业布局,积极培育临港产业龙头,增强临港产业集聚力,通过发展临港产业带动港口城市经济的发展,实现港口与城市经济共同发展。如泉州市重点发展以民营经济为主体的纺织服装、鞋业制造、建筑陶瓷、食品饮料、机械制造等产业集群;厦门市重点发展生物医药、软件信息、金融、电子商务等产业集群;福州市重点发展计算机、通信和其他电子设备制造业、纺织业、农副食品加工业、电力、热力生产和供应业、皮革、毛皮、羽毛及其制品和制鞋业、非金属矿物制品业等产业集群;莆田市重点发展化工新材料、食品加工、工艺美术、医疗健康等产业集群;漳州市重点发展石化产业、农产品加工业、装备制造业等产业集群;宁德市重点发展船舶制造、现代渔业、新能源、新材料产业等产业集群。

5. 优化交通网络,完善港口集疏运体系

福建的经济发展现状决定了港口的发展壮大不能仅仅依赖于福建经济的发展,必须扩大港口的腹地范围才能做强福建沿海港口。要开拓腹地货源,从客户成本角度考虑,必须要有一定的价格优势。因此，福建沿海港口吸引临近省份货源的前提是要有便捷的交通网络，虽然近年来福建也在大力修建跨省高速铁路、高速公路，但由于福建山地丘陵多，修路成本太高，加上之前的交通基础设施薄弱，福建的交通网络还是不够完善。必须大力优化交通网络，特别要注意出省公路、铁路的布局，加密公路网和铁路网，以吸引邻近省份和中部地区的货源从福建出海。港口集疏运体系主要由与港口物流相关联的公路、水路、铁路和航空线路构成，是疏散和集聚港口货源的重要服务系统。目前福建沿海港口集疏运体系还不够完善，表现在疏港铁路还不够健全，还有很多港区后方无铁路，而海港联运是目前港口物流发展的重要方式；部分落后港区还不能很好地融入公路运输网，如福州港的三沙港区、白马港区等；水路运输线路没有充分挖掘，如福建省闽江、乌龙江、九龙江、汀江等水路运输资源尚未得到有效利用，而水路运输是最廉价的运输方式，与福建相邻的江西省大量的货源就是借助水路运输从江西经由上海港出海；省内截至 2017 年只有五个机场，数量还不多，不利于港口货物的聚集和疏散。因此，当前福建省要加快沿海港口铁路支线建设，构建利用铁路拓展腹地的格局，形成便捷经济的港口货运铁路网；加快建设港口疏港公路，实现港口与高速公路、国道、省道、物流园区、开发区等的顺畅连接；改善闽江通海航道、乌龙江、九龙江、汀江等江河的通航能力，形成干支和江海直达水路运输通道，发挥水水运输量大价廉的优势。

6. 构筑以港口为重点的海上通道，建设“海上丝绸之路”战略枢纽

港口是对外开放重要的门户，泉州因刺桐港而享誉全世界，是古代中国“海上丝绸之路”的重要起点。福建因为海港而闻名，“海上丝绸之路”文化积淀深厚。当前福建要抓住历史赋予的机遇，强化港口的门户功能，充分利用福建在东南亚丰富的华侨资源、闽台文化渊源，主动拓展国际交流合作，大力发展与“海上丝绸之路”沿线国家和地区在港口建设、口岸通关及经贸等方面的合作，把港口建设成为21世纪海上丝绸之路互联互通的重要枢纽。推动福建沿海港口和航运企业与“海上丝绸之路”沿线国家和地区的港口和航运企业互设分支机构，增开航线航班。鼓励福建本土企业积极参与沿线国家的港口设施、物流园区、临港工业建设和运营，同时也采取各种优惠措施，吸引境外企业积极投资和参与福建港口设施、物流园区及临港工业的建设和运营。

7.3.2 港口方面

1. 加强港口物流基础设施建设，大力发展多式联运

基础设施是港口物流系统正常运行的基本条件，由码头、泊位、锚地、航道、仓库、堆场及办公设施等组成。当前福建沿海港口物流基础设施建设还很不平衡，不同港口之间，相同港口不同港区之间都存在着不平衡现象。经济发展较好的城市往往港区基础设施较好，经济发展较为落后的城市，其港区配套设施往往也相应落后。因此，如何加快经济落后地区的港口物流基础设施建设，协调港区发展，是当前港口要解决的重要问题。今后应该在考虑各港口布局、功能、定位、可持续发展等基础上努力完善港口物流基础设施建设和集疏运体系，充分发挥各种运输方式的优势，大力发展多式联运，如海铁联运、海路公路联运等，形成高效便捷的港口综合运输体系。

2. 提高港口物流信息化和智能化水平，推进港口物流信息平台建设

信息化是现代物流的重要标志，也是港口有效合作的基础，由于与港口物流相关的主体众多，既有海关、检疫检验、税务等政府部分，更多的是货代、船公司、拖车公司、船代、报关行、货主等企业，为加快货物通关速度，减少货物在港滞留时间，港口物流信息化是重要一环。当前福建沿海港口也意识到港口物流信息化的重要性，都建立了相应的港口物流信息系统，电子数据交换（EDI）、条码技术、射频识别技术(RFID)得到广泛应用,但是在港口中仍然还有一些工作环节信息化程度不高,信息在各部门间流动不够通畅。此外不同港口信息化程度还存在较大的差距,厦门港在信息化方面走到福建其他港口的前面。随着现代信息技术的发展,智能化也是港口物流发展的一大趋势,智能化大大减少劳动力资源,提高劳动效率,而且可以提高准确性和精确性,减少安全事故,厦门港拥有我国第一个全自动化码头,基本实现了堆场无人化作业。另外,港口物流信息平台可以把与港口业务相联系的政府部门和其他相关主体联系在一起,通过信息平台实现信息交换和共享,可以跟踪货物状态、单证传输、通关进程、船期预告、提货收货时间、电子报关报检等,实现无纸化信息传输,大大提高了信息交换速度,降低错误率,加快了各主体的反应速度,提高了服务质量。目前福建沿海港口中,福州港已经建立"福州港口物流信息平台",厦门港已经建立"厦门港集装箱智慧物流平台",这两个港口依靠各自的物流信息平台,大大提高了港口的服务质量和货物通关的速度。总之,当前福建各港口还是要继续努力提高港口物流信息化水平,根据港口实际情况加强智能化改造,尽快建立港口物流信息平台,鉴于厦门港已经成为集装箱枢纽港,当前厦门港开通了许多与福建其他港口的内支线,因此各港口间物流信息的共享也极为重要,要加强福建沿海港口之间信息的流动速度和共享水平。

3. 以股权为纽带,建立港航联盟和港口联盟

福建沿海港口物流协同发展的前提是各个港口物流的良好发展。港口物流的发展与船公司的航线、航班有密切的关系。当前东南沿海港口群与全国其他沿海港口群相比,实力还是薄弱,为壮大福建沿海港口的实力,港口应拿出主动姿态,以股权为纽带,积极争取有实力的船公司,特别是国际航运巨头投资港口,与船公司形成利益共同体,把船公司干线船和货物吸引过来,提高港口国际中转的比例。目前福建一些沿海港口已积极尝试通过股权形式吸引船公司投资港口，如厦门港嵩屿港区吸纳了世界航运巨头马士基集团的投资。国外航运巨头的投资不仅提高了港口的物流基础设施水平，更重要的是带来了世界先进的码头管理经验和水平，有助于福建省沿海港口管理水平的提高。港口物流的发展也与货源密不可分，港口也可以通过股权形式吸引与港口业务发展有关的国际港务集团、投资集团等投资港口，以开拓港口货源，提高港口管理水平，实现多方共赢。如新加坡国际港务集团同时投资福州港闽江口内港区和江阴港区，其不仅促进了福州港与新加坡港的合作，更带来了新加坡港口先进的管理理念，促进福州港运营管理水平的提升。江西省铁路投资集团公司也积极投资福州港江阴港区和湄洲湾港，对福州港和湄洲湾港开展海铁联运，拓展江西货源有很大的帮助。

同时，福建沿海各港口在行政区划上同属于福建省，也可以以股权为纽带，共同投资兴建码头，通过参股绑定港口各方利益，促进各港口之间的合作，形成战略联盟，有助于港口资源的有效利用和优势互补，避免港口之间的重复投资、恶性价格竞争。明确各港口的定位，在港口群中开通公共货物内支线，提升福建沿海港口的整体实力。当前，福建沿海港口中厦门港集装箱运输实力最强，厦门港可以通过积极主动地投资其他港口的码头建设，绑定与其他港口的利益，形成良好的合作关系，可以促进这些港口与厦门港集装箱内支线的开通，增强厦门港作为集装箱枢纽港的地位，最终实现各港口的共同发展。

4. 大力培养港口物流专业人才，提升港口服务水平

当前，福建沿海港口面临的竞争异常激烈，既面临同属东南沿海港口群内不同港口之间的竞争，也面临与全国其他四个沿海港口群之间的竞争，同时还要面临与海峡东岸台湾港口之间的竞争。港口服务水平是影响港口竞争能力的一个重要因素，目前一些实力雄厚的船公司每个月都会对各港口作业效率进行评价，评价结果影响船公司航线及航班的开通。港口服务水平的提升与港口员工的素质有直接的关系，同时在科技高速发展的今天，港口智能化、自动化、大数据应用也日益受到重视，港口未来的竞争从某种程度上来说也是高素质人才的竞争。因此福建沿海各港口要重视提高员工素质，为港口可持续发展储备人才，既要重视对基层操作人员岗位技能、安全知识和职业素养的培训，又要重视对中高层管理人员管理技能、港口相关专业知识的培训，培养适应时代发展需要的复合型人才。既可以通过与高校和职业院校合作共同培训或培养不同层次的人才，也可以通过派遣人员到国外一流或国内先进的港口学习，吸收先进的港口运营管理经验，带动港口运营效率和管理水平的提高。

7.4 本章小结

本章首先结合我国“一带一路”倡议对福建沿海港口进行合理定位，认为当前福建沿海港口应立足于加强与海上丝绸之路沿线国家和地区在港口建设、港口集货、港口存货、港口配货、口岸通关、物流信息化、港口物流园区等方面的合作，力争建设成为连接21世纪海上丝绸之路沿线国家和地区重要的枢纽。厦门港定位于东南国际航运中心、国际集装箱枢纽港和区域性邮轮母港；福州港和泉州港定位于区域综合枢纽港；湄洲湾港定位于区域散货枢纽港。

其次，从横向和纵向两方面提出福建沿海港口物流协同发展战略。从横向协同方面，只有各港口之间建立有效的竞争和合作关系，才能实现港口之间的优势互补，促进共同发展，进而提升福建沿海港口群的整体竞争力。从纵向协同方面，以港口为中心的由港口、货主、船公司、货代、报关行、堆场、拖车公司等上下游企业组成的供应链已经形成，要加强港口供应链成员间的协作和共同发展，可以提高港口供应链的整体竞争水平。

最后,从政府和港口两个角度提出福建沿海港口物流协同发展对策建议。从政府方面来看,要做到:(1)统一规划港口,整合资源优势;(2)拓展海内外腹地资源,提升港口辐射能力;(3)优化港口物流发展的软环境,建立跨区域的港口综合协调机制:(4)发展港口城市经济,提高临港产业集聚力;(5)优化交通网络,完善港口集疏运体系;(6)构筑以港口为重点的海上通道,建设"海上丝绸之路"战略枢纽。从港口方面来看,要做到:(1)加强港口物流基础设施建设,大力发展多式联运;(2)提高港口物流信息化和智能化水平,推进港口物流信息平台建设;(3)以股权为纽带,建立港航联盟和港口联盟;(4)大力培养港口物流专业人才,提升港口服务水平。

附　录

附录一　基于钻石模型的福建现代港口业竞争力研究①

郑颖

（1. 中国科学院　城市环境研究所　福建　厦门　361021

2. 福建江夏学院　工商管理学院　福建　福州　350108）

摘要：无论对于国家还是区域经济的发展，港口都起着非常重要的作用。当前福建面临着“多区叠加”的国家政策优势，其中主要原因来自福建的地理位置及沿海港口优势。文章运用波特的钻石模型理论，从生产要素、需求条件、关联产业与支持性产业、企业战略、结构与竞争对手这四个基本要素及政府和机遇这两个辅助要素，对福建现代港口业的竞争力进行全面的分析，并立足现实，提出提升福建现代港口业竞争力的对策。

关键词：钻石模型　现代港口业　竞争优势　福建

港口是关乎国家战略的重要基础设施，也是国家综合交通运输体系的重要节点。2014 年《交通运输部关于推进港口转型升级的指导意见》中明确指出，要拓展港口服务功能，发展现代港口业，强化港口的区域性作用，引导港口集约发展。2006 年交通部等组织编制的《全国沿海港口布局规划》将我国沿海港口划分为环渤海、长江三角洲、东南沿海、珠江三角洲和西南沿海五个港口群，其中东南沿海港口群就是指福建沿海港口。

---

① 本文发表于《中北大学学报(社会科学版)》2018 年第 5 期，81-86.

《中国港口年鉴》数据显示,2008年以来,世界十大集装箱港口有一半以上都在中国。随着我国港口货物吞吐量在国际中表现突出,一些学者开始关注港口及港口物流竞争力的研究,当前较多的研究主要集中在港口物流竞争力评价上,采用的方法有层次分析法、熵权法、模糊综合评价法和因子分析法等。个别学者运用钻石模型分别对大连港口产业集群、广西北部湾港口物流产业集群、珠海临港产业集群的竞争力进行了研究。当前针对东南沿海港口群,即福建港口业竞争力的研究较为罕见。本研究利用钻石模型对福建港口业竞争力进行较为全面的分析,以期立足现实,提升东南沿海港口群整体竞争力。

一、波特钻石模型理论及应用

钻石模型理论是由美国哈佛大学知名教授迈克尔·波特于1990年提出的,他认为一个国家或某种产业的竞争优势主要受到生产要素,需求条件,关联产业与支持性产业,企业战略、结构与竞争对手这四个基本要素的影响,基本要素具有双向作用,形成钻石体系,政府和机遇作为辅助要素影响着基本要素,如图1所示。

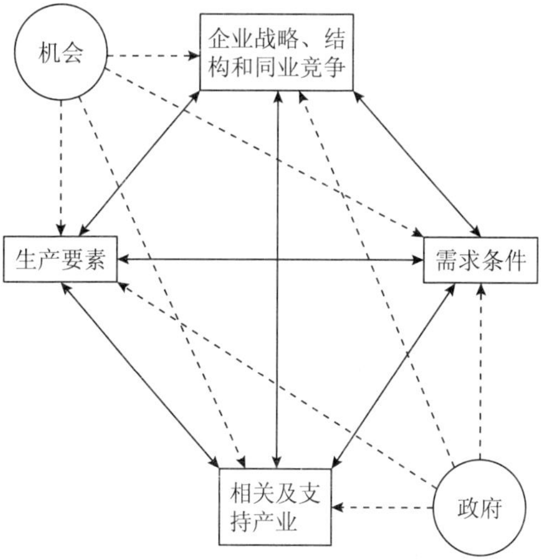

图1 波特钻石模型

波特的钻石模型在许多国家和地区及产业竞争力分析中都得到了广泛的应用，在我国除了应用于分析区域竞争力，更多地应用到产业竞争力的分析上，涉及汽车产业、旅游业、水产业、物流业等。

二、现代港口业的内涵

《交通运输部关于推进港口转型升级的指导意见》中指出，发展现代港口业要完善港口功能体系，大力发展港口物流，积极发展港航信息、贸易、金融、保险等现代服务业，引导港口企业提高核心竞争力。吴爱存(2015)认为产业集群是指在某特定区域的特定产业中，具有交叉关联的企业、机构、组织等行为主体聚集在一起，形成互补性关系的产业群体，具有强大的竞争优势。刘志强、宋炳良(2004)认为港口具有独特的地理位置，业务活动的相关性及聚集性，具有明显的产业集群现象。现代港口业不再局限于港口装卸搬运、转运等基础业务，又延伸出储存、货代、金融、保险、制造、贸易等相关业务，并且逐渐向周边地区辐射，形成庞大的港口产业集群。

三、福建现代港口业竞争力分析

(一)生产要素

波特认为生产要素是产业发展的基础，主要包括人力资源、天然资源、知识资源、资本资源、基础设施等。其将生产要素划分为初级生产要素和高级生产要素，初级生产要素主要指具有先天条件的天然资源、地理位置、气候等；高级生产要素主要指必须通过后天创造获得的，如交通、通信等基础设施，技术人才，科研机构等。波特认为在获得竞争优势中，高级生产要素比初级生产要素发挥着更重要的作用。

1. 天然资源

即自然资源，主要指港口的自然地理条件。福建沿海港口位居台湾海峡西岸，是我国重要的出海口，也是连接海峡东岸台湾地区及21世纪海上丝绸之路沿线国家和地区的重要枢纽。福建港口岸线资源丰富，大陆海岸线长度居全国第二位，深水港口岸线资源居全国首位，拥有7个优良深水港湾。2009年福建省港口资源整合后，从原来的六个港口整合为四个，即福州港（宁德港并入）、厦门港（漳州港并入）、湄洲湾港和泉州港。泉州港是中国古代海上丝绸之路的起点，在宋元时期与埃及的亚历山大港齐名；湄洲湾港被誉为"中国少有，世界不多"的天然深水良港；三都澳港口小腹大，深水域面积和航道水深都堪称世界之最，被誉为"世界级深水良港"；厦门港也是优良的深水良港，其濒临台湾海峡，与台湾、澎湖列岛一水之隔，地理位置优越，并且万吨货轮不受潮水影响可以随时进出。

2. 基础设施

现代港口业的发展离不开交通、通信等基础设施的建设，特别是港口货源的快速疏散需要便捷的集疏运体系。《福建省"十三五"综合交通运输发展专项规划》显示，至2015年底，福建省已基本形成"两纵三横"综合交通运输大通道，全省交通总体适应经济社会发展需要，局部甚至还超前；公路网络更加健全，高速公路已形成"三纵六横"的骨架网；铁路网络基本形成"两纵五横"的主骨架，部分铁路延伸到港口，海铁联运格局初步形成；沿海共有480个生产性泊位，其中万吨级以上泊位162个，占比33.8%，年综合通过能力4.5亿吨，超前发展于现有港口通过量，具备靠泊世界上最大主力船型的散货船、油轮、集装箱船的设施条件；拥有福州、厦门等六个机场，航线航班数量不断增加。但由于福建山地丘陵多，通往省外的交通网络还不够完善，要争取省外的货源还要加大出省铁路和公路的建设。

3. 资本资源

港口的发展还需要大量的投资，航道、泊位、堆场、仓库、集疏运体系等基础设施，装卸、运输等设备及港口信息化都需要大量的资金。根据《福建省"十三五"综合交通运输发展专项规划》，"十二五”期间，福建省大力推进综合交通基础设施建设，累计完成投资超过 5 700 亿元，其中港口累计完成投资 513 亿元。相较而言，福建省在港口方面的投资比重还不够大，再加上之前投资不足，导致相当部分港口基础设施、设备较为落后，信息化程度较低。

4. 人力资源和知识资源

当前港口已从第一代的运输枢纽中心发展到第四代港口阶段，强调港口之间的互动及以港口为主要支点的供应链环节之间的衔接。专业化和信息化是现代港口的重要特征，这就要求港口从业人员必须具有丰富的港口专业理论知识和实践经验，虽然目前福建省大部分高校都设立了物流管理或物流工程专业，但以港口物流作为方向的极少，再加上早期进入港口工作的人员很多不是物流专业出身，或者虽毕业于物流专业但只接受过中等职业教育，造成港口从业人员专业化程度不高、高端物流人才较少的现象。

(二)需求条件

产品或服务的市场需求是产业成长和发展的基石。根据《中国港口年鉴 2016》数据显示，2015 年福建省沿海港口完成货物吞吐量 5.03 亿吨，其中外贸货物吞吐量 2.02 亿吨，集装箱吞吐量 1 364 万 TEU；开通集装箱航线 290 条，其中外贸线 127 条，内支线 31 条，内贸线 132 条，通达近 50 个国家和地区的 130 多个港口。但是，与其他四个沿海港口群相比，东南沿海港口群经济腹地较小，直接腹地以福建省为主，间接腹地主要是江西省、湖南省部分地区等，由于福建省地区生产总值不大，影响了港口货源。

《中国统计年鉴 2016》数据显示，2015 年我国国内生产总值为 685 505.8 亿元。如表 1 所示，全国五个沿海港口群所属地区生产总值中，长江三角洲地区港口群所属地区生产总值为 138 126.32 亿元，占国内生产总值的比重为 20.15%，排名第一；环渤海地区排名第二，接近长江三角洲地区港口群所属地区生产总值；珠江三角洲地区港口群所属地区生产总值排名第三；东南沿海港口群所属地区生产总值为 25 979.82 亿元，占国内生产总值的比重为 3.79%，排名第四，略高于西南沿海地区港口群所属地区生产总值，不到长江三角洲地区港口群和环渤海地区港口群所属地区生产总值五分之一。东南沿海港口群所属地区生产总值较低，显示地区经济总量偏小，与经济发展活跃的长江三角洲地区、环渤海地区和珠江三角洲地区存在较大的差距，必然影响到港口货源，影响东南沿海港口群的发展。

表 1　2015 年我国五个沿海港口群所属地区生产总值比较

港口群所属行政区划	所属地区生产总值（亿元）	占国内生产总值比重（%）
环渤海地区港口群	138 015.65	20.13
辽宁省	28 669.02	4.18
天津市	16 538.19	2.41
河北省	29 806.11	4.34
山东省	63 002.33	9.19
长江三角洲地区港口群	138 126.32	20.15
上海市	25 123.45	3.66
浙江省	42 886.49	6.26
江苏省	70 116.38	10.23
东南沿海地区港口群	25 979.82	3.79
福建省	25 979.82	3.79
珠江三角洲地区港口群	70 432.53	10.27
广东省（湛江市除外）	70 432.53	10.27
西南沿海地区港口群	22 885.90	3.34
广东省湛江市	2 380.02	0.35
广西壮族自治区	16 803.12	2.45
海南省	3 702.76	0.54

说明：上表数据由《中国统计年鉴 2016》《广东统计年鉴 2016》《2015 年湛江市统计月报》整理而得。

(三)关联产业与支持性产业

港口关联产业主要指与港口业有前后关联关系的产业部门，如航运、仓储物流业等。在全球供应链下，港口已经成为综合运输体系的重要节点，以港口为中心的由港口、货主、船公司、货代、报关行、堆场、拖车公司等上下游企业组成的供应链已经形成。加强港口供应链成员间的协作和共同发展，可以提高福建沿海港口供应链的整体竞争力，更好地为货主和船公司服务。

港口支持性产业主要指在港口区域一定范围内，依托港口而布局的产业，如贸易、造船、石化、钢铁等制造行业。经过多年发展，福建沿海各港口已初步形成适应港口城市经济发展特点的临港产业集群。如福州港已形成能源、石化、机械装备制造、纺织化纤、电子信息制造业、粮油食品等为主的产业集群，临港经济潜力巨大。厦门港依托优越的地理位置及外向型经济特点，形成以国际贸易、航运物流、高端制造、专业服务、金融服务为主的临港产业集群。泉州港依托民营经济的活力，形成以纺织鞋服、石化、建材家居、机械装备等为主的产业集群，产业链条完整，产业集中度高，具备较强的竞争力。湄洲湾港形成了电力能源业、食品加工业、商贸物流业、文化旅游业四大主导产业集群，通过延伸产业链，开发生产高附加值的产品或服务，形成了特色产业集聚发展群。但是，目前福建沿海港口存在临港产业集群发展不均衡的现象，湄洲湾港所属的港口城市——莆田市地区生产总值 2016 年只有 1823.43 亿元，远远落后于其他三个港口城市的地区生产总值；同样在临港产业集群上，湄洲湾港的主导产业集群产业链较短、竞争力较弱。

(四)企业战略、结构与竞争对手

《推动共建丝绸之路经济带和 21 世纪海上丝绸之路的愿景与行动》中明确提出支持福建建设 21 世纪海上丝绸之路核心区，由于“一带一路”的初衷是加强与亚欧非国家或地区之间的互联互通和合作，鉴于福建沿海港口地处台湾海峡西岸，台湾海峡是太平洋西岸航线南北通衢的必经之地，福建沿海港口应立足于加强与海上丝绸之路沿线国家和地区在港口建设、港口集货、港口存货、港口配货、口岸通关、物流信息化、港口物流园区等方面的合作。目前厦门港、福州港和泉州港都想发展集装箱国际中转业务，湄洲湾港除了发展散货运输，也想发展内贸集装箱中转业务，福建四大沿海港口之间距离很近，腹地狭小且存在交叉，缺乏特色和突出优势，却都想做大集装箱中转业务，都想发展成为干线港或枢纽港，这既不可能也不现实。港口之间因为协同程度不高必然造成同质化竞争严重，削弱了福建沿海港口整体竞争力。

由于东南沿海港口群介于长江三角洲地区港口群和珠江三角洲地区港口群之间，并且与其距离较近，在争夺腹地货源上存在激烈的竞争。但目前与他们相比，明显处于弱势地位。如表 2 所示，2015 年五大沿海港口群港口货物吞吐量排名中，长江三角洲地区港口群以 443 165 万吨位居首位，环渤海地区港口群排名第二，珠江三角洲地区港口群以 149 073 万吨排名第三，东南沿海地区港口群以 50 282 万吨排名第五。在五大港口群港口集装箱吞吐量排名中，长江三角洲地区港口群以 7 553 万 TEU 位居首位，环渤海地区港口群排名第二，珠江三角洲地区港口群以 5 452 万 TEU 排名第三，东南沿海地区港口群以 1 364 万 TEU 排名第四。不管在港口货物吞吐量还是集装箱吞吐量上，东南沿海地区港口群总量都很低，与环渤海地区港口群、长江三角洲地区港口群和珠江三角洲地区港口群都存在很大的差距，这与 2015 年福建省地区生产总值在全国排名第十一位，处于海峡西岸经济区和 21 世纪海上丝绸之路核心区的经济发展和地理区位优势不匹配。

表 2　2015 年我国五个沿海港口群吞吐量比较

港口群所属行政区划	港口货物吞吐量（万吨）	港口集装箱吞吐量（万 TEU）
环渤海地区港口群	384 398	5 904
辽宁省	104 878	1 838

（续表）

港口群所属行政区划	港口货物吞吐量（万吨）	港口集装箱吞吐量（万 TEU）
天津市	54 051	1 411
河北省	91 251	253
山东省	134 218	2 402
长江三角洲地区港口群	443 165	7 553
上海市	71 740	3 654
浙江省	138 136	2 294
江苏省	233 289	1 605
东南沿海地区港口群	50 282	1 364
福建省	50 282	1 364
珠江三角洲地区港口群	149 073	5 452
广东省(湛江市除外)	149 073	5 452
西南沿海地区港口群	68 886	419
广东省湛江市	22 036	60
广西壮族自治区	31 493	205
海南省	15 357	154

说明：上表数据由《中国港口年鉴 2016》整理而得。

(五)政府的作用

沿海港口是国家和地方政府的重要战略基础设施，港口的发展离不开政府的规划、协调和政策支持。近年来，福建省政府陆续发布了支持港口发展的规划、措施、意见等，对港口资源布局和发展起到了重要作用。2008 年发布《福建省沿海港口布局规划》(2008—2020 年)、2012 年出台《福建省人民政府关于加快发展港口群 促进“三群”联动的若干意见》和《福建省人民政府关于支持厦门东南国际航运中心建设十条措施的通知》、2013 年出台《省政府关于进一步加快海西港口群发展十条措施的通知》、2014 年发布《福建省人民政府关于印发加快港口发展行动纲要(2014－2018)》、2015 年出台《关于进一步深化港口体制机制改革的若干意见》,以及各地港口管理也相继出台了促进港口发展的意见及措施等,例如,《泉州市人民政府关于进一步促进集装箱从泉州港进出的若干意见》,厦门港口管理局《关于 2016 年扶持港口集装箱业务发展的通知》、《福州港口生产发展扶持政策(2017－2020 年)》,莆田市政府《关于促进港口生产发展五条政策措施的通知》。虽然福建省对全省沿海港口资源进行了布局和规划,采取多项措施促进全省港口的发展,但由于地区利益至上,各港口所在当地政府都想通过建设港口基础设施,出台各种扶持港口生产的政策来吸引货源,扩大港口物流规模,发展成为枢纽港或干线港,其初衷是好的,但福建经济总量低,腹地小且存在交叉,在有限的地域范围内,港口业务大量同质化的情况下必然造成港口设施的重复建设,港口设计通过能力大大超前,造成港口资源闲置,无法协同发展。

(六)面临的机会

当前福建省面临"多区叠加"的国家政策优势。2012 年《福建海峡蓝色经济试验区发展规划》获批,福建是中国第四个经国务院批准的海洋经济发展试点省份,提出以沿海城市群和港口群为主要依托,形成具有区域特色和竞争力的海峡蓝色产业带,完善港口口岸设施条件,大力发展港口物流业。中国(福建)自由贸易试验区是我国设立的第二批自由贸易试验区,囊括福州港及厦门港部分港区。在"一带一路"倡议中,国家支持福建建设 21 世纪海上丝绸之路核心区,加强福州、厦门、泉州等沿海港口城市建设。福州新区是全国第十四个国家级新区,位于福州市滨海地区,是东南沿海的海陆联运中心,囊括福州港的江阴港区、松下港区等重要海上枢纽,是构建两岸交流合作的重要承载区,也是推进与 21 世纪海上丝绸之路沿线国家和地区港口城市互联互通的交往门户。2016 年,福厦泉国家自主创新示范区获国务院批复。厦门经济特区是我国最早的四大经济特区之一。福建享受国家多项政策的优势原因主要在于福建处于东南沿海,具有多个优良的沿海港口,是我国重要的出海口和海上通道。"多区叠加"的国家政策优势赋予福建先行先试,发展对外贸易、闽台合作和国际交流的有利条件,将带动福建港口业的发展。

四、提升福建现代港口业发展对策

(一)充分利用国家政策优势,加强港口资源的整合与发展

虽然国家给予了福建省多项的政策支持,很多都与港口发展有关,但当前福建省港口资源整合尚未完成,除漳州港并入厦门港较为顺利外,宁德港并入福州港还没有太多实质性进展,湄洲湾港和泉州港的辖区管理纷争尚未真正厘清。从国际港口的布局情况来看,为避免过度竞争,一般平均方圆 2 000 公里以内不应该有同等大规模的港口并存。鉴于厦门港港区特点和近几年国际集装箱干线运输和中转运输发展较好,已基本确立了东南国际航运中心的地位,福州港、泉州港和湄洲湾港也要积极参与其中,开通与厦门港之间的集装箱支线,建立枢纽港和支线港的战略联盟关系,可以避免相互之间的恶性竞争,提高区域港口的竞争优势。福州港和泉州港由于城市经济发展较好,可以根据自己的产业特色保留一些外贸线和内贸线,与厦门港航线形成互补。湄洲湾港可以通过大力发展大宗散货装卸转运中心,与其他三个港口形成优势互补。由于各个沿海港口都由当地的港口管理局管理,鉴于各级政府地方保护主义心态,难免会出现各自为政的状况。福建省委省政府必须发挥主导作用,制定福建沿海港口总体发展规划,优化配置港口岸线资源,明确各个沿海港口的定位,引导各个港口合理规划,充分发挥福建沿海港口的协同效应,促进福建沿海港口的共同发展。

(二)大力发展福建区域经济,提升临港产业竞争力

东南沿海港口群与临近的长江三角洲地区和珠江三角洲地区

港口群发展差距较大的主要原因在于福建区域经济总量较小。区域经济与港口的发展相辅相成,区域经济的发展为港口的发展提供了货源和资金、人才等资源保障,促进港口基础设施的建设和交通网络的完善。因此,当前福建省要抓住国家给予福建的各种政策优势,推进海上丝绸之路核心区建设,拓展与海丝沿线国家在贸易、金融、产能、港口、航运等方面的合作,推动区域经济的发展。同时要根据港口条件及港口城市产业特点,优化临港产业结构的布局和升级,避免产业结构雷同,通过培育一些主业突出、具有创新能力的临港产业龙头,带动关联企业的发展,促进产业集聚,延伸产业链,形成一批具有区域特色、产业集中度较高、产业链条相对完整的临港产业区。

(三)全面开拓腹地货源,提升港口管理和服务水平

福建经济总量不大的特点决定了福建沿海港口的发展不能只局限于福建本省,必须大力拓展省外腹地货源。当前与福建相邻或相近的江西省和湖南省没有出海口,可以在这些省份建设一些陆地港,充分发挥向莆、外福、鹰厦等铁路的货运功能,通过海铁联运,拓展内陆地区货源。港口的管理和服务水平也是吸引货源及货物中转的重要因素,因此福建沿海港口也要苦练内功,通过优化流程、信息化、改革管理机制、科学策划等手段提高港口经营效率和管理水平。港口服务水平主要表现为通关环境、港口装卸效率、船舶在港平均锚泊时间等指标,可以通过整合、完善港口物流信息平台,促进信息在港口关联企业的流动;加大与口岸管理部门之间的沟通与协调,简化通关流程,加快口岸通关;充分利用物联网、人工智能等先进信息技术,提升码头的装卸效率,缩短船舶的等待时间,以提升港口的服务水平,吸引内地的货主选择福建港口,让更多船公司停靠港口或开通、加密航线及航班。

(四)完善港口集疏运体系,提高港口从业人员素质和专业水平

港口集疏运体系主要由与港口物流相关联的公路、水路、铁路和航空线路构成,是疏散和集聚港口货源的重要服务系统。要拓展省外腹地货源，根据福建省现实条件，当前要加大出省货运铁路的建设，充分发挥海铁联运经济、快速、运量大的特点，以吸引内地货源。目前福建省很多港区还没有疏港铁路，因此也要同时加快港区铁路支线建设，完善铁路运输网。港口管理和服务水平的提升与员工素质具有直接的关系，当前信息技术的浪潮也席卷港口，智能化、自动化、大数据技术应用日益普及，港口从业人员也需要及时更新知识水平，港口未来的竞争从某种程度上来说也是高素质人才的竞争。因此福建沿海港口要重视提高员工素质，为港口可持续发展储备人才，既要重视对基层操作人员岗位技能、安全知识和职业素养的培训，又要重视对中高层管理人员管理技能、港口相关专业知识的培训，培养适应时代发展需要的复合型人才。

参考文献：

[1]程德理，黄立平.基于钻石模型的两类产业集群创新能力比较研究——浙江玉环和上海嘉定汽车产业集群[J].软科学，2007(3)：117-121.

[2]杜向云，寻琛，周升起.青岛港与沿海港口国际物流竞争力评价分析[J].江苏商论，2015(7)：35-40.

[3]郭克良，蓝文权.中国—东盟自由贸易区建设背景下提升我国西南地区区域经济竞争力问题探究——基于对波特“钻石模型”改进后的广西分析为例[J].东南亚纵横，2015(4)：74-79.

[4]晋秀龙，张晴，潘立新.基于区位熵和钻石模型的滁州市旅游产业集聚研究[J].安徽师范大学学报(自然科学版)，2017(3)：179-183.

[5]林晓伟，李建军，周熙登.基于钻石模型的区域物流竞争力评价模型研究[J].南昌航空大学学报：社会科学版，2013(6)：34-40.

[6]刘丽娜.基于钻石模型的中国水产品出口竞争力分析——以福建省为例[J].世界农业，2017(6)：150-157.

[7]刘志强，宋炳良.港口与产业集群[J].上海海事大学学报，2004(4)：22-26.

[8]马永刚.基于FCE-AHP的港口物流竞争力研究[J].经济管理，2007，29(22)：78-83.

[9]迈克尔.波特著,李明轩,邱如美译.国家竞争优势[M].北京:华夏出版社,2002.

[10]彭薇."一带一路"倡议下珠海临港竞争力研究——基于"钻石模型"的分析[J].港口经济,2017(7):51-54.

[11]隋博文.基于钻石模型的广西北部湾港口物流产业集群竞争力研究[J].物流技术,2013(10):12-14.

[12]王景敏.西南沿海港口物流竞争力指标体系构建与实证研究——基于因子分析法[J].物流技术,2013(11):196-199.

[13]王玲.基于钻石模型的大连港口产业集群发展对策研究[J].吉林工商学院学报,2013(4):13-16.

[14]吴爱存.中国港口的产业集群研究[D].长春:吉林大学,2015.

[15]吴健妮.熵权法筛选港口物流产业集群竞争力指标研究[J].科技管理研究,2013(6):45-49.

[16]张艳,赵刚.基于模糊综合评价法的港口物流竞争力综合评价系统[J].市场周刊,2007(4):38-39.

附录二 基于时空差异视角的港口物流与核心腹地经济耦合关系研究——以福建省为例①

郑 颖,曾倩琳
(福建江夏学院工商管理学院,福建 福州 350108)

摘要:港口物流与核心腹地经济之间存在密切的关系。文章运用灰色关联分析法,对2009—2016年福建省港口物流与核心腹地经济系统之间的关联度和耦合度进行测算。实证结果表明:就福建省总体而言,港口物流与核心腹地经济之间的关联度处于中度关联以上水平,并且耦合度也不高;就福建省四个沿海港口而言,对港口物流与核心腹地经济系统最有影响的指标有所区别;港口物流与核心腹地经济发展的耦合度存在时空变化差异。

关键词:港口物流 核心腹地经济 灰色关联 耦合度

港口是国际货物运输的重要节点,物流是港口最重要的功能。在我国对外贸易中,海运是最重要的运输方式,因为运量大、价格低,承担了近90%的运输量。集装箱运输因为便捷、高效,已经成为海运的主要运输方式。英国劳氏日报公布的2016世界集装箱港口100强榜单中,中国有20个港口上榜,前十榜单中,中国占据七席,中国20个港口的集装箱吞吐量约占全球的37%。港口物流在我国地位凸显,已经成为中国物流重要的组成部分。2000年以来福建省港口物流产业的区位熵都大于1,说明产业集聚度高于全国平均水平。福建沿海港口位居台湾海峡西岸,是我国南北海运及诸多国际航线必经的海上交通要道。作为21世纪海上丝绸之

① 本文发表于《新余学院学报》2018年第6期,56-61.

路核心区，福建的优势在于沿海港口，为加快港口发展，福建省政府及各地港口管理局都陆续出台了加快港口发展的行动纲要和支持措施，加强福建沿海港口的辐射作用，构建以港口城市为海上合作战略支点，与丝绸之路沿线国家互联互通的海上运输网络。

港口城市是港口核心经济腹地，港口物流与城市经济发展存在相互影响的关系。一些学者从定性的角度对二者的关系进行了研究，更多学者采用定量的方法进行研究，但这些定量研究绝大多数采用回归分析法，回归分析法不但需要大量的数据，并且要求变量要服从正态分布，否则就可能出现定性与定量结果不符的现象，导致系统规律出现扭曲。港口物流和腹地经济都是独立的系统，系统之间相互作用、相互影响和相互关联，具有耦合关系，并且不同时期、不同区域港口物流与腹地经济系统具有复杂性和动态性。灰色关联分析通过度量事物或因素间关联性大小，揭示事物或因素间动态关联的特征和程度，能克服港口物流和腹地经济系统信息不够全面的缺陷。

当前对福建港口物流的研究多数停留在定性分析上，在定量分析上主要集中在福建港口货物吞吐量与外贸进出口总额的关系上，关于福建沿海港口物流与核心腹地经济发展关系的定量研究目前罕有人涉足。因此，本文从系统的角度，运用灰色关联分析法对福建沿海港口物流与核心腹地经济系统各因素间的作用关系大小进行评价，在灰色关联分析的基础上构建两个子系统的耦合度模型，分析两个系统彼此交互作用程度的强弱和时空差异特征，对港口物流和核心腹地经济发展的研究提供一些借鉴。

一、港口物流与核心腹地经济的耦合关系分析模型

（一）研究的基本思路

灰色关联分析主要通过计算灰色关联度并进行排序，来判断系统发展过程中两个系统之间因素变化的相互影响程度。其基本思路是根据因素的数据序列曲线几何形状的相似程度来判断因素

之间的影响程度，因素的数据序列曲线的几何形状越相似，则两个因素变化的趋势越接近，二者之间的关联程度越高，反之则较低。耦合度模型可以较为准确地评价单个区域中两个子系统的耦合作用程度的强弱及其时间序列分布，通过计算耦合度对系统间的相互作用进行度量，耦合度越高，表示系统之间的协调关系越好；耦合度越低，表示系统间的协调关系越差。

(二)指标体系的构建

港口物流和腹地经济都是复杂的系统，遵循系统性、科学性、代表性、相关性和可得性原则，参考一些学者的研究，结合福建省现实情况，构建了腹地经济和港口物流系统指标体系，如表1所示。

表1　核心腹地经济与港口物流关联分析指标体系

	指标	说明
核心腹地经济 X	X_1 港口城市 GDP(亿元)	结合福建省现实情况，这八个指标基本较全面反映出港口城市的经济状况、主要产业产值或行业增加值、固定资产投资情况。X_1 是总体指标，X_5、X_6 是产业指标，X_2、X_7、X_8 是行业指标，X_3 是对外指标，X_4 是固定资产投资指标
	X_2 社会消费品零售总额(亿元)	
	X_3 进出口商品总额(亿美元)	
	X_4 固定资产投资(亿元)	
	X_5 规模以上工业总产值(亿元)	
	X_6 农林牧渔业总产值(亿元)	
	X_7 金融业(亿元)	
	X_8 交通运输、仓储和邮政业(亿元)	
港口物流 Y	Y_1 港口货物吞吐量(万吨)	Y_1、Y_2、Y_3 反映了港口的物流规模，Y_4、Y_5、Y_6 反映了港口的物流基础设施，Y_7、Y_8 反映了港口的可持续发展潜力，一定程度上也能反映港口的发展前景和经营管理水平
	Y_2 集装箱吞吐量(万 TEU)	
	Y_3 外贸货物吞吐量(万吨)	
	Y_4 生产用码头泊位数(个)	
	Y_5 万吨级生产用码头泊位数(个)	
	Y_6 港航固定资产投资(亿元)	
	Y_7 港口货物吞吐量增长率(%)	
	Y_8 集装箱吞吐量增长率(%)	

(三)分析研究步骤

1. 确定分析序列

一般说来,参考序列(港口物流系统 Y)由因变量构成,比较序列(核心腹地经济系统 X)由自变量构成。

2. 原始数据的预处理

港口物流和核心腹地经济系统中各指标变量计量单位不同,测量值相差较大,而每个变量都具有同等的表现力,需要消除变量的量纲效应。本文采用标准差标准化法处理,计算公式如下:

$$X'_{ij}=\frac{X_{ij}-X_j}{S_j}\quad (i=1,2,\cdots,m;j=1,2,\cdots,n) \tag{1}$$

式中:

$$\overline{X}_j=\frac{\sum_{i=1}^{m}X_{ij}}{m}$$

$$S_j=\sqrt{\frac{1}{m}\sum_{i=1}^{m}(X_{ij}-\overline{X}_j)^2}$$

X'_{ij}为标准化数据。

3. 计算核心腹地经济与港口物流系统各指标间的灰色关联系数

计算公式如下:

$$\xi_{ij}(t)=\frac{\Delta_{\min}+\rho\Delta_{\max}}{\Delta_{ij}(t)+\rho\Delta_{\max}}\quad (t=1,2,\cdots,k) \tag{2}$$

其中 $\xi_{ij}(t)$表示在 t 时期核心腹地经济系统第 i 个指标与港口物流系统第 j 个指标之间的关联系数,$\Delta_{ij}(t)=|X_i(t)-X_j(t)|$,$\Delta_{\min}=\min_i\min_j\Delta_{ij}(t)$,$\Delta_{\max}=\max_i\max_j\Delta_{it}(t)$,$X_i(t)$、$X_j(t)$分别表示在 t 时期核心腹地经济与港口物流系统各指标标准化值,ρ 为分辨系数,$\rho\in(0,1)$,一般取 0.5。

4. 计算指标间的灰色关联度

将关联系数按样本数 l 计算平均值后得到一个关联度矩阵 γ,

关联度 γ_{ij} 的计算公式为：

$$\gamma_{ij}=\frac{\sum_{i,j=1}^{l}\xi_{ij}(t)}{l}\quad(l=1,2,\cdots,n)\tag{3}$$

通过比较关联度大小，可以得出核心腹地经济系统第 i 个指标与港口物流系统第 j 个指标之间的作用关系。$\gamma_{ij}\in(0,1]$，其值越接近 1，表示两者之间的关联性越强。当 $\gamma_{ij}\in(0,0.35]$ 为弱关联，当 $\gamma_{ij}\in(0.35,0.65]$ 为中等程度关联，当 $\gamma_{ij}\in(0.65,0.85]$ 为较强关联，当 $\gamma_{ij}\in(0.85,1]$ 为强关联。

对关联度矩阵分别按行或列计算其平均值，得到核心腹地经济系统与港口物流系统之间的关联度大小。计算公式如下：

$$\begin{cases}d_i=\dfrac{\sum_{j=1}^{m}\gamma_{ij}}{m}\\ d_j=\dfrac{\sum_{i=1}^{n}\gamma_{ij}}{n}\end{cases}\quad(i=1,2,\cdots,m;j=1,2,\cdots,n)\tag{4}$$

d_i 为核心腹地经济系统的第 i 个指标与港口物流系统的关联度，其值越大，说明该指标对港口物流系统的影响越大。d_j 为港口物流系统的第 j 个指标与核心腹地经济系统的关联度，其值越大，说明该指标对核心腹地经济系统的影响越大。m、n 分别为两个系统的指标数。

5. 构建核心腹地经济与港口物流系统的耦合度模型

$$C(t)=\frac{\sum_{i=1}^{m}\sum_{j=1}^{n}\xi_{ij}(t)}{mn}\tag{5}$$

$C(t)$ 为耦合度，m、n 分别为两个系统的指标数。通过该模型可以评判核心腹地经济系统与港口物流系统的耦合作用程度大小。

二、实证分析

(一)数据来源及无量纲化处理

原始数据来源于《福建统计年鉴》《中国港口年鉴》及福建省各地市统计局、各港口管理局、交通运输部门公开统计信息。由于2009年福建省政府审议通过《福建省港口体制一体化整合总体方案》,开始积极整合港口资源,从数据的可比性考虑,本文选用2009—2016年份的相关数据进行比较。又由于泉州港和湄洲湾一直没有完成合并,鉴于港口物流的大量数据来自《中国港口年鉴》,本文也参照其做法,泉州港包括泉州行政区划内的所有港区,湄洲湾港仅统计湄洲湾北岸港区(即原有的莆田港)。

按照公式(1),对核心腹地经济和福建沿海港口物流系统数据标准化。

(二)核心腹地经济与港口物流的关联度分析

根据公式(2)、(3)和(4),可测算并构建出核心腹地经济与福建港口物流系统各指标间的关联度矩阵,如表2所示。核心腹地经济与福建沿海港口物流系统不同指标之间的关联程度主要分布在(0.4830,0.8272),处于中度关联以上水平,说明核心腹地经济与福建沿海港口物流发展之间的关系较为紧密。通过对各指标平均值进行排序可知,对于港口物流来说,核心腹地经济各指标与其关联程度大小的排序为:$X_1>X_5>X_2>X_6>X_4>X_7>X_8>X_3$;对于核心腹地经济来说,港口物流各指标与其关联程度大小的排序为:$Y_2>Y_5>Y_1>Y_6>Y_8>Y_3>Y_4>Y_7$。

表2 核心腹地经济与福建沿海港口物流系统各指标间的关联度矩阵

	Y_1	Y_2	Y_3	Y_4	Y_5	Y_6	Y_7	Y_8	Y均值	排序
X_1	0.7807	0.8272	0.6777	0.6392	0.7863	0.6734	0.5926	0.6605	0.7047	1
X_2	0.7679	0.8159	0.6837	0.6226	0.7866	0.6590	0.5864	0.6594	0.6977	3
X_3	0.6153	0.6005	0.6050	0.4830	0.5639	0.6410	0.6307	0.6651	0.6006	8

（续表）

	Y_1	Y_2	Y_3	Y_4	Y_5	Y_6	Y_7	Y_8	Y 均值	排序
X_4	0.7556	0.7340	0.6733	0.6238	0.7900	0.6546	0.5811	0.6501	0.6828	5
X_5	0.7599	0.8229	0.6865	0.6487	0.7705	0.6658	0.5891	0.6655	0.7011	2
X_6	0.7512	0.8000	0.6562	0.6402	0.7559	0.6804	0.6068	0.6563	0.6934	4
X_7	0.7163	0.7990	0.6241	0.6026	0.7820	0.6497	0.5724	0.6498	0.6745	6
X_8	0.6614	0.7780	0.6484	0.5973	0.7813	0.6437	0.5694	0.6602	0.6675	7
X 均值	0.7260	0.7722	0.6569	0.6072	0.7521	0.6585	0.5911	0.6584		
排序	3	1	6	7	2	4	8	5		

说明：(1)核心腹地经济各指标对港口物流的影响存在差异。在核心腹地经济各指标中，对港口物流影响作用最大的是 X_1 港口城市 GDP(0.7047)，排在第二和第三的是 X_5 规模以上工业总产值(0.7011)和 X_2 社会消费品零售总额(0.6977)，属于较强关联。GDP 是衡量港口城市总体经济状况的重要指标，一方面，港口城市经济的发展会刺激生产和消费需求，为港口物流提供稳定的货源，并带动港口基础设施的建设，为发展港口货物中转奠定了基础；另一方面，港口城市经济的发展，会带动金融、信息、电子商务、交通运输等行业的发展，吸引更多的资金、技术、人才等资源要素向港口城市集聚，促进港口服务水平和运营能力的提升。规模以上工业总产值反映了一定时期内规模以上工业企业生产的以货币形式表现的工业产品总量，当前工业在我国国民经济及福建区域经济中依然居于主导地位。一方面，福建已经成为外向型经济为主的省份，2016 年福建省工业制品的出口额占到总出口额的 90.74%，当前福建省工业制品的进出口主要通过港口来完成；另一方面，福建省部分城市如泉州市等，内贸经济发达，相当多的内贸工业产品及原材料也通过港口来运输。

(2)港口物流各指标对核心腹地经济的影响存在差异。在港口物流各指标中，对核心腹地经济影响最大的是 Y_2 集装箱吞吐量(0.7722)，排在第二和第三的是 Y_5 万吨级生产用码头泊位数(0.7521)和 Y_1 港口货物吞吐量(0.7260)，属于较强关联。当今世界上除石油、煤炭等少数货物不用集装箱运输外，绝大多数货物都用集装箱运输，因此集装箱吞吐量和港口货物吞吐量是衡量港口规模大小的重要指标，港口吞吐量的发展将进一步推动港口所在城市基础设施的完善及相关配套设施的建设,其带来的积聚效应和扩散效应促使各种生产要素和资源,如金融、人才、资金、技术、信息等向港口及周边地区聚集和扩散,推动临港产业及港口所在城市经济的发展。相较生产用码头泊位数而言,万吨级生产用码头泊位数更能反映出港口硬件设施的规模化和专业化。当前货轮正朝着大型化、高速化方向发展,运载量超过10 000个TEU的集装箱货轮已越来越普遍,这对码头泊位的建设提出了很高的要求,要求码头泊位必须深水化、大型化和专业化,才能具备船公司要求的停泊条件,推动船公司开辟航线、增加航班数量,吸引港口周边的货物到港口中转,刺激临港工业和港口相关服务业的发展,带动港口城市经济的发展。截至2016年底福建省共有万吨级生产用码头泊位168个,其中厦门港就有75个,厦门港口管理局统计数据显示,2016年厦门港国内国际集装箱中转量占全港比重达23.86%,对推动厦门市经济发展发挥了重要作用。

(3)核心腹地经济和港口物流各指标处于中度关联以上水平,其中一半以上表现为较强关联或强关联,说明核心腹地经济和港口物流存在耦合。

(三)核心腹地经济与港口物流发展的耦合度时序分析

根据公式(5),计算2009—2016年核心腹地经济与福建沿海港口物流发展的耦合度,主要分布在(0.59, 0.73),根据耦合度描绘出曲线图,如图1所示。

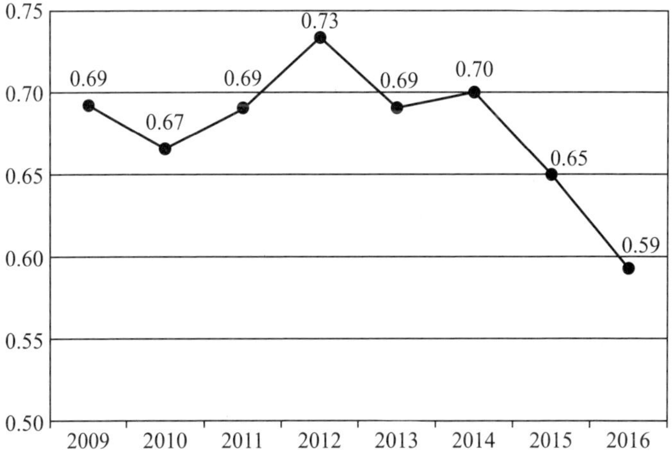

图1 2009—2016年核心腹地经济与福建港口物流的耦合度变化曲线

从图1可以看出，2009—2016年核心腹地经济与港口物流的耦合度呈现出一定的波动性，2009—2010年呈轻微下降趋势，2010—2012年呈上升趋势，2012—2016年总体上呈下降趋势。总的来说，除2012年和2016年耦合度变化较大外，其他年份变化相对较小。

2009年全球金融危机对福建经济的影响尚存，海峡西岸经济区战略上升为国家战略，中央对福建的支持力度明显加大，福建采取了一系列措施推动科学发展、跨越发展。2009年11月，福建省通过了《福建省港口体制一体化整合总体方案》，将福建沿海港口整合为三个港口群。2010年围绕科学发展、跨越发展，福建经济发展取得一定成效，港口城市规模以上工业总产值比2009年增长29.6%，远超2009年9.58%的增长率；GDP比2009年增长18.96%，超过2009年13.65%的增长率。2010年福建省沿海港口进入了整合阶段，由于港口资源整合刚刚开始，打破了港口原有的机制和管理体制，也带来了大量的问题，对港口生产造成了一定影响，导致2010年耦合度下降。

2011年福建全力推动科学发展、跨越发展，港口城市GDP增长21.48%，规模以上工业总产值增长25.77%，其他多项经济指标也保持高位增长，港口群加快整合，港口货物吞吐量增长14%，福州港和宁德港完成整合，导致耦合度上升。2012年港口城市经济增长速度开始放缓，港口货物吞吐量和集装箱吞吐量增长率也相应降低，随着港口资源的有效整合，耦合度达到了最高点0.73。

2013年福建省政府出台稳增长的政策，推出促进工贸企业发展的措施，港口城市工业增长势头有所回升，但港口城市GDP增长率下降；2014年开始我国经济下行压力增加，实体经济面临严峻的发展形势，港口城市GDP、规模以上工业总产值、农林牧渔业总产值，进出口商品总额增长率等全面放缓；2015年全球和中国经济仍面临较大的下行压力，对外贸出口造成了很大影响，港口城市进出口商品总额甚至出现了负增长；2016年供给侧结构改革开始推进，经济下滑势头得到遏制，但全球经济发展不见起色，继续影响福建外贸出口，港口城市进出口商品总额负增长势头加大。在港口方面，受外贸商品出口下滑、经济增速放缓导致我国沿海港口之间的同质化竞争加剧、国际航运市场萎靡等因素的影响，2013 年福建港口货物吞吐量和集装箱吞吐量增长率持续降低，2016 年降到了最低点，港口货物吞吐量比 2015 年仅增长 1%，集装箱吞吐量增长 5.6%，远远落后于 GDP、规模以上工业总产值等经济指标的增长率，导致耦合度下降。其间由于湄洲湾港和泉州港合合分分，也影响了港口资源的整合进度和港口物流的规模，因此 2012—2016 年耦合度总体呈下降趋势，2016 年到达最低点 0.59。

三、结论

(一)核心腹地经济和港口物流之间存在较为密切的关系

核心腹地经济与福建沿海港口物流系统不同指标之间的关联度主要分布在(0.4830,0.8272)，一半以上指标处于较强关联水平，其余的指标为中等以上关联水平，说明核心腹地经济和港口物流之间存在较为密切的关系，二者在发展过程中相互作用、相互影响，近年来福建经济和港口物流的发展也验证了二者之间的关系。

(二)核心腹地经济和福建港口物流的耦合度不高

但目前核心腹地经济和福建港口物流的耦合度并不高，介于(0.59, 0.73)之间，整体上还处于磨合阶段。说明随着核心腹地经济的发展，核心腹地经济与港口物流之间的协调程度没有提高，反而在 2012 年后出现了下降趋势。由于福建沿海港口之间距离很近，为避免恶性竞争，2009 年福建省着手进行港口资源整合，但港口之间的资源整合并不顺利，有的貌似合并了但没有太大的实质性改变，再加上同一港口码头由于经营主体过多存在恶性竞争的现象，影响了核心腹地经济与港口物流的协调度。

四、对策

(一)优化产业结构,提升产业集群竞争力,促进港口城市经济发展

当前福建省沿海港口城市除泉州市和福州市经济体量稍大些外,其他几个都不大,影响了港口的货源,同时由于福建省各港口城市多数产业链优势不明显,导致各个港口业务发展同质化明显,优势互补尚未形成。因此,要立足于各港口城市产业特点,优化产业结构,重视产业结构的升级,避免产业结构雷同,提升产业群的竞争力,带动城市经济发展。《中国港口年鉴 2017》数据显示,2016年福建四大沿海港口吞吐量排名中,福州港金属矿石吞吐量占比76.65%,处于绝对地位;泉州港石油、天然气及制品吞吐量占比79.45%,处于绝对地位。这与福州和泉州已形成两大产业链有很大的关系,从另一方面也显示出这两个港口已经有了一些自己的优势产业。例如,面对我国经济下行的威胁,泉州市以民营经济为主体的纺织服装、鞋业制造、建筑陶瓷等产业依然保持良好的竞争优势。鉴于福建省是外贸依存度很高的省份,近年来,国外经济持续低迷对福建省经济发展和工业生产带来了较大影响,当前可以借助我国"一带一路"倡议和福建华侨优势,充分利用福建省是国家支持建设的21世纪海上丝绸之路核心区的良好机会,发挥港口优势,大力发展与东南亚及丝绸之路沿线国家的经贸往来,提升港口城市经济发展水平。

(二)加强港口资源整合力度,促进港口之间的横向协同

虽然福建沿海港口资源丰富且自然条件良好,但经济腹地狭小,港口之间距离很近,这些特点决定了福建沿海港口之间必然存在激烈的竞争。从国际港口的布局情况来看,为避免过度竞争,一般平均方圆2 000公里以内不应该有同等大规模的港口并存,200公里以内不应有同等规模的港口,而泉州港和厦门港,泉州港和湄洲湾港距离均不超过200公里。因此,为避免港口之间的恶性竞

争，必须充分发挥政府的主导作用，加大港口资源的整合力度，制定福建沿海港口总体发展规划，优化配置港口岸线资源，明确各个沿海港口的定位，引导各个港口合理规划资源，促进港口之间的横向协同。只有各港口之间建立有效的竞争和合作关系，才能实现港口之间的优势互补，促进共同发展，进而提升福建沿海港口群的整体竞争力。鉴于厦门港城市产业特点和近几年国际集装箱干线运输和中转运输发展较好，已基本确立了东南国际航运中心的地位，福州港、泉州港和湄洲湾港也要积极参与其中，开通与厦门港之间的集装箱支线，建立国际枢纽港和区域枢纽港的战略联盟关系，避免相互之间的恶性竞争，提高港口整体竞争力。福州港和泉州港城市经济发展较好，可以根据自己的产业特色保留一些外贸线和内贸线，与厦门港航线形成互补。湄洲湾港可以通过大力发展大宗散货接卸转运中心，与其他三个港口形成优势共补。

（三）完善港口基础设施建设，促进港口之间的纵向协同

当前福建沿海港口物流基础设施建设还很不平衡，不同港口之间和相同港口不同港区之间都存在着不平衡现象。经济发展较好的城市往往港区基础设施较好，经济发展一般的城市，其港区配套设施往往也相应落后，缺乏大型货轮停靠的大吨位泊位，集疏运设施不完善。因此，如何加快经济发展一般的港口物流基础设施建设，协调港区发展，是当前港口要解决的重要问题。在全球供应链下，港口已经成为综合运输体系的重要节点，以港口为中心的由港口、货主、船公司、货代、报关行、堆场、拖车公司等上下游企业组成的供应链已经形成。加强以港口为核心的港口供应链成员之间的纵向协作和共同发展，可以提高港口供应链的整体竞争力。因此，福建沿海港口应注意：(1)加快码头泊位改造，提高泊位停靠大吨位集装箱货轮的能力；(2)与船公司建立良好的合作关系，鼓励船公司投资港口建设，通过建立双方之间的利益合作关系，发挥船公司的积极性，吸引船公司把干线船开到福建沿海港口，提高港口国际中转的比例，实现港口和船公司之间的利益共赢；(3)与货代、船代、报关行、堆场、拖车公司等建立良好的协调和互动机制，以提升港口供应链的整体竞争力，更好地为货主和船公司服务；(4)大力发展临港工业和临港物流园区，通过经济发展带动港口的进一步发展。

参考文献：

[1]陈艺.福建省港口物流发展对外贸影响实证分析[J].现代商贸工业，2013(19)：59-60.

[2]邓聚龙.灰色控制系统(第2版)[M].武汉：华中科技大学出版社，2010.

[3]胡玉莹，赵莎莎. 港口物流与经济发展的动态关联分析——以天津为例[J].开发研究，2009(3)：48-52.

[4]匡海波.基于关联度模型的港口经济与城市经济关系研究[J].中国软科学，2007(8)：110-115.

[5]李秋烟，余贵美.港口物流发展与福建省外贸关系的实证分析[J].福建农林大学学报(哲学社会科学版)，2015，18(4)：53-58.

[6]罗永华.港口物流与区域经济协调发展的机制与策略研究——以茂名市为例[J].广西社会科学，2010(5)：41-44.

[7]沈秦伟，韩增林，郭建科. 港口物流发展与城市经济增长关系的实证研究——以大连市为例[J].资源开发与市场，2012(8)：726-728.

[8]王鹏.连云港港口物流与城市经济发展关系分析[J].中国物流与采购，2011(5)：54-55.

[9]吴价宝，卢珂. 基于多主体的港口物流协同机制研究——以江苏沿海港口物流为例[J].中国管理科学，2014(11)：440-446.

[10]谢京辞.山东港口物流与区域经济发展关系研究[J].山东社会科学，2011(3)：174-176.

[11]谢守红，蔡海亚.长江三角洲物流业与区域经济耦合协调度研究[J].江西财经大学学报，2015(5)：20-27.

[12]许婷.最强榜单：劳氏2016全球港口百强排名[EB/OL].(2016-09-12)[2017-07-18] http://www.cnss.com.cn/html/2016/xuting_0912/236058_3.html.

[13]郑建平. 三都澳港口物流与宁德腹地经济协同关系分析[J].中国港口,2014(6):48-51.

[14]钟铭,吴艳云,栾维新.港口物流与城市经济协同度模型[J].大连海事大学学报,2011(2):80-82.[15]周平德,周剑倩. 穗、深、港港口和航空物流与区域经济增长的关系研究[J]. 广州大学学报(社会科学版),2008(9):45-50.

参考文献

[1]白宇.亿海蓝联合SISI发布《沿海部分集装箱港口综合服务评价指数》[EB/OL].(2016-12-15)[2017-01-22]http://www.people.com.cn/n1/2016/1215/c348429－28952801.html.

[2]蔡怀鲁.闽台港口物流合作研究[J].中国市场,2011(49):26-28.

[3]蔡素丽.港口物流与经济增长关系分析[J].长沙大学学报,2015(2):84-87.

[4]曹娟.公路物流与港口物流的协同性研究——基于湖北面板数据分析[J].技术与方法,2014(8):223-225.

[5]陈朝萌.粤港澳大湾区港口群定位格局实证分析[J].深圳大学学报(人文社会科学版),2016(7):32-36.

[6]陈西艳,王进.天津港货物吞吐量高居北方第一[EB/OL].(2006-07-07)[2017-02-15]http://news.sohu.com/20060707/n244146115.shtml.

[7]陈燕琴.福州港口物流与经济发展关系研究[J].岳阳职业技术学院学报,2014(1):102-105.

[8]陈艺.福建省港口物流发展对外贸影响实证分析[J].现代商贸工业,2013(19):59-60.

[9]陈颖.湄洲湾港资源对接向莆铁路"海铁联运"未来可期[EB/OL].(2012-08-27)[2016-10-01]http://www.fjsen.com/d/2012-08/27/content_9198782_2.htm.

[10]大连日报评论员.站在新的起点肩负新的使命——贺大连港成功迈入3亿吨大港行列[N].大连日报,2010-12-15(01).

[11]邓春,张先琪,刘胡.海南港口物流业的现状分析与发展策略[J].海南大学学报人文社会科学版,2012(8):124-130.

[12]樊祜广,蒋惠园,田小勇,等.港口物流与核心腹地经济发展关系的协整分析[J].武汉理工大学学报(交通科学与工程版),2012(6):538-541.

[13]福建省发改委,福建省外办,福建省商务厅.福建省21世纪海上丝绸

之路核心区建设方案[N].福建日报,2015-11-17(4).

[14]福建省港航管理局.全省港航发展概况[EB/OL].(2016-10-25)[2016-11-01]http://www.fjgh.gov.cn/gkxx/jgjj/fzlc/201610/t20161025_133055.htm.

[15]福建省交通运输厅.践行五大发展理念推动湄洲湾港“十三五”转型发展[EB/OL].(2016-07-25)[2017-02-10]http://www.fjjt.gov.cn/hxjt/jtqk/fjjt/201607/t20160725_125197.htm.

[16]福建省交通运输厅.湄洲湾港开通“莆头—江阴”集装箱内支线[EB/OL].(2016-05-13)[2016-11-10]http://www.cnss.com.cn/html/2016/gkwl_0513/213943.html.

[17]福建省湄洲湾港口管理局.崛起的湄洲湾港[EB/OL].(2016-12-31)[2017-08-10]http://www.mzwgk.gov.cn/gkgk/gkjs.html.

[18]福建省人民政府.福建省人民政府关于印发加快港口发展行动纲要(2014－2018年)的通知[EB/OL].(2014-07-20)[2017-02-25]http://www.fujian.gov.cn/zc/zxwj/szfwj/201408/t20140807_764643.htm.

[19]福州港口管理局.福州港概况[EB/OL].(2015-01-07)[2016-08-01]http://www.fpa.gov.cn/zjfzg/gkgk/201501/t20150107_101230.html.

[20]福州港务集团有限公司.福州港口物流信息平台拓展客户领域提速港口信息化[EB/OL].(2016-01-01)[2017-01-20]http://www.fzport.com/xwzx_show.php? news_id=3392.

[21]福州市人民政府.福州市人民政府关于印发福州市“十三五”物流业发展规划和福州市电子商务物流发展规划(2016－2020年)的通知[EB/OL].(2017-02-06)[2017-02-25]http://www.fuzhou.gov.cn/zfxxgk/bmxsq/bmxx/bmxx01/gkxx/201702/t20170206_1189325.htm.

[22]郭同欣.中国对世界经济增长的贡献不断提高[N].人民日报，2017-01-13(9).

[23]国家发展改革委,外交部,商务部.推动共建丝绸之路经济带和21世纪海上丝绸之路的愿景与行动[EB/OL].(2015-03-28)[2016-05-20]http://www.mofcom.gov.cn/article/resume/n/201504/20150400929655.shtml.

[24]国家统计局国际统计信息中心.2014年世界经济形势回顾与2015年展望[EB/OL].(2015-02-27)[2017-01-04]http://www.stats.gov.cn/tjsj/zxfb/201502/t20150227_686531.html.

[25]H.哈肯.信息与自组织(第2版)[M].郭志安,译.四川:四川教育出版社,2010.

[26]韩雨婷.海丝核心区:如何不一厢情愿?[N].经济观察报,2015-04-06(34).

[27]何建云,宁越敏.西欧港口合作的经验和启示[J].中国港口,1999(9):44-46.

[28]何娜,李娜.闽南地区港口物流协同发展策略研究[J].哈尔滨商业大学学报(社会科学版),2012(5):78-81.

[29]何娴.环渤海港口物流协同发展研究[J].物流工程与管理,2013(4):24-25.

[30]何珍,林开宇,林圳勇等.江阴港区已有10条国际集装箱航线　本月海铁联运发箱量创新高[N].福州晚报,2015-07-31(3).

[31]赫尔曼.哈肯.协同学(大自然构成的奥秘)[M].凌复华,译.上海:上海译文出版社,2013.

[32]胡苏.福州港、宁德港整合为新福州港并组建港口管理局[EB/OL].(2011-09-02)[2016-08-01]http://www.gov.cn/jrzg/2011-09/02/content_1938903.htm.

[33]胡玉莹,赵莎莎.港口物流与经济发展的动态关联分析——以天津为例[J].物流经济研究,2009(3):48-52.

[34]黄定嵩.广西北部湾港口物流在新格局下的发展对策[J].学术论坛,2007(9):78-93.

[35]交通运输部.交通运输部关于推进港口转型升级的指导意见[EB/OL].(2014-06-03)[2016-07-20]http://www.law－lib.com/law/law_view.asp? id＝455991.

[36]康树春,刘斌.2007中国港口综合竞争力指数排行榜报告[J].中国远洋航务,2008(3):35-40.

[37]孔宪雷,许长新.港口群系统的竞争合作与演变发展[J].水运工程,2004(10):28-31.

[38]匡海波.基于关联度模型的港口经济与城市经济关系研究[J].中国软科学,2007(8):110-115.

[39]李超,张罕育.竞争合作:港口发展新趋势[J].中国经贸,2004(7):

70-71.

[40]李国辉.前11个月我国与“一带一路”沿线国家贸易额达8489亿美元[EB/OL].(2016-12-28)[2017-01-04]http://www.financialnews.com.cn/sj_142/hgsj/201612/t20161228_110330.html.

[41]李慧勇,吴金铎.两大原因使得2017年进出口仍难乐观——2016年12月进出口数据分析[EB/OL].(2017-01-15)[2017-05-04]http://www.sohu.com/a/124369792_481785.

[42]李树铭.国际航运中心建设和国际集装箱中转[N].浦东时报,2011-01-11(15-16).

[43]李谭,王利,王瑜.辽宁省港口物流效率及其与腹地经济协同发展研究[J].经济地理,2012(9):108-113.

[44]李宗伟,吕玉晓.港口在城市发展中的作用——以山东省日照市为例[J].城市问题,2001(4):35-37.

[45]梁福龙.2016年中国货物贸易总额被美国反超,失去连续三年第一地位[EB/OL].(2017-04-13)[2017-05-04]http://www.guancha.cn/economy/2017_04_13_403420.shtml.

[46]林敏晖.福建港口物流发展现状及对策浅析[J].物流工程与管理,2011(11):77-78.

[47]林晓琪.漳州港4港区归入厦门港[N].东南快报,2010-09-01(A31).

[48]刘秉镰.论港口城市的经济发展[J].天津社会科学,2000(6):59-62.

[49]刘波.省际边界区港口竞争力比较及竞合路径研究——以连云港港与日照港为例[J].资源开发与市场,2010,26(11):989-991.

[50]刘曾荣,李挺.复杂系统理论剖析[J].自然杂志,2006(3):149-151.

[51]龙敏.“海丝”架桥,福建与东盟经贸合作更见紧密[EB/OL].(2016-04-17)[2017-01-04]http://news.xinhuanet.com/fortune/2016-04/17/c_128903541.htm.

[52]龙筱刚.增强港口物流竞争力,提升浙江现代物流体系建设水平[J].物流科技,2011(11):63-65.

[53]罗永华.港口物流与区域经济协调发展的机制与策略研究——以茂名市为例[J].广西社会科学,2010(5):41-44.

[54]马士华.供应链管理[M].湖北:华中科技大学出版社,2010.

[55]湄洲湾港口管理局.崛起的湄洲湾港[EB/OL].(2016-12-31)[2017-08-10]http://www.mzwgk.gov.cn/gkgk/gkjs.html.

[56]湄洲湾港口管理局.推进信息化建设打造新型“智慧港口”[EB/OL].(2016-05-26)[2017-01-20]http://www.mzwgk.gov.cn/gwdt/detail_3850.html.

[57]莫宝民.基于供应链的港口物流系统规划方法研究[D].大连海事大学,2009.

[58]潘绣文.省政府审议通过《福建省港口体制一体化整合总体方案》[EB/OL].(2009-11-02)[2016-08-25]http://www.fj.xinhuanet.com/nnews/2009-11/02/content_18112595.htm.

[59]泉州港口管理局.港口概况[EB/OL].(2013-12-31)[2016-08-01]http://www.qzgwj.com/gkinfo.php/9/1/1.html.

[60]泉州市人民政府办公室.泉州市人民政府关于印发泉州市“十三五”现代物流业发展专项规划的通知[EB/OL].(2016-06-23)[2017-03-20]http://www.quanzhou.gov.cn/zfb/xxgk/zfxxgkzl/zfxxgkml/srmzfxxgkml/ghjh/201607/P020160722591889087624.pdf.

[61]泉州晚报.加快推进泉州港物流资源整合[EB/OL].(2017-01-11)[2017-01-17]http://szb.qzwb.com/qzwb/html/2017-01/11/content_301395.htm.

[62]沈秦伟,韩增林,郭建科.港口物流与城市经济增长的关系研究——以大连为例[J].地理与地理信息科学,2013(1):69-73.

[63]施秀芬.福建港口整合之后[EB/OL].(2015-09-15)[2017-01-17]http://hd.jctrans.com/hdInfo/59333－1.html.

[64]唐中赋,顾培亮,任学锋.我国港口物流发展的实证分析[J].商业经济与管理,2005(11):29-33.

[65]汪长江.世界典型港口物流发展模式分析与启示[J].经济社会体制比较,2012(1):218-223.

[66]汪传旭,崔建新.长江三角洲港口群物流系统动力学分析模型[J].交通运输工程学报,2007(5):77-83.

[67]王健.海峡西岸经济区港口物流网络体系的构建[J].中国流通经济,2005(12):16-19.

[68]王健.台湾海峡港口协同发展研究[J].福州大学学报(哲学社会科学

版),2008(6):9-16.

[69]王玲,魏然,李克娜,等.港口物流系统的重构与评价指标体系的建立[J].物流技术,2005(2):13-16.

[70]王威峰,卓泓良,卓义盛.基于"双向驱动"下的北部湾港口物流协同创新研究[J].贺州学院学报,2016(3):112-116.

[71]王喜成,王景敏.基于FCE的港口物流系统评价研究——以环渤海地区主要港口为例[J].中国商贸,2009(10):110-111.

[72]王耀中,黎谧.中国沿海港口物流对经济增长的作用研究[J].湖南大学学报(社会科学版),2009(9):48-51.

[73]魏然.功能拓展中的港口物流系统[J].港口物流,2005(3):51-52.

[74]吴价宝,卢珂.基于多主体的港口物流协同机制研究——以江苏沿海港口物流为例[J].中国管理科学,2014(11):40-446.

[75]吴满财,黄慧微.基于产业集群的环渤海经济圈港口物流协同发展研究[J].铁道运输与经济,2013(8):75-78.

[76]厦门港口管理局,厦门市财政局.关于2016年扶持港口集装箱业务发展的通知[EB/OL].(2016-05-14)[2017-02-15]http://www.gazette.xm.gov.cn/gazette/5342.

[77]厦门港口管理局.2016年12月份厦门港集装箱航线汇总表[EB/OL].(2017-01-16)[2017-11-10]http://www.portxiamen.gov.cn/zfxxgk/zfxxgkml/gkgb/smghdtg/201701/t20170116_1756618.html.

[78]厦门港口管理局.2017年厦门港口管理局年度工作会议报告[EB/OL].(2017-01-23)[2017-11-20]http://www.portxiamen.gov.cn/zfxxgk/zfxxgkml/ghjh/gkfzgh/201701/t20170123_1758560.html.

[79]厦门港口管理局.港口简介(2017年8月10日)[EB/OL].(2017-08-10)[2017-12-25]http://www.portxiamen.gov.cn/gkfc/gkjj/.

[80]厦门港口管理局.港口简介[EB/OL].(2017-08-10)[2017-08-20]http://www.portxiamen.gov.cn/gkfc/gkjj/.

[81]谢嘉晟,林世雄.厦门港集装箱智慧物流平台运行[EB/OL].(2016-10-10)[2017-01-17]http://news.xinhuanet.com/local/2016-10/10/c_129315604.htm.

[82]谢京辞.山东港口物流与区域经济发展关系研究[J].山东社会科学,2011(3):187-189.

[83]邢虎松，刘凯.基于模糊物元模型的港口物流系统发展水平评价研究[J].物流技术，2011(1)：76-78.

[84]熊丽."一带一路"沿线已成中国对外投资热土[EB/OL].(2017-01-03)[2017-01-04] http://finance. sina. com. cn/roll/2017-01-03/doc-ifxzczsu6628994.shtml.

[85]徐金伟.港口物流发展研究[J].世界海运，2004(4)：31-32.

[86]徐景明.厦门片区"单一窗口"平台开通[EB/OL].(2015-04-28)[2017-01-17]http://fujian.hexun.com/2015-04-28/175367147.html.

[87]徐玲玲，李文君.重庆保税港区港口物流与区域经济协同发展研究[J].重庆理工大学学报(社会科学)，2015(6)：22-26.

[88]许培星.把握港口物流的发展机遇提升上海港的国际竞争力[J].上海海运学院学报，2004(2)：1-4.

[89]许雪毅.泉州市官员称福建省已决定保留泉州港[EB/OL].(2012-04-13)[2016-08-10]http://www.chinanews.com/gn/2012/04-13/3819067.shtml.

[90]许峥嵘，杜佩.港口建设与经济增长关系的实证研究[J].中南财经政法大学学报，2012(6)：119-124.

[91]薛辉，祁婷.8 月 3 日起泉州莆田四港区合并组成新湄洲湾港[EB/OL].(2009-08-03)[2016-08-10]http://www. fjsen. com/c/2009-08/03/content_204621.htm.

[92]严谨.港口物流对福建物流产业竞争力的影响分析[J].亚太经济，2012(5)：129-133.

[93]杨承新，荣朝和.试论港口物流系统的协同机制[J].综合运输，2008(11)：56-60.

[94]姚丽萍.福建港口物流的现状及发展对策[J].物流技术与应用，2012(10：142-145.

[95]于静静.环渤海地区三大港口物流系统竞争力的模糊综合评价[J].中国水运，2009(5)：69-70.

[96]袁璐.大连市港口物流与对外贸易关系的实证研究[J].对外经贸，2015(10)：47-49.

[97]曾艳英.以珠三角港口群为例探讨港口资源的整合与结构优化[J].世界海运，2010(4)：47-49.

[98]湛垦华,沈小峰,等.普利高津和耗散结构理论:前沿与交叉科学[M].西安:陕西科学技术出版社,1998.

[99]张光明,廖志高.广西港口物流与对外贸易关系的实证研究[J].物流技术,2015(6):93-95.

[100]张继良,郑静静.港口物流系统竞合发展策略研究[J].物流技术,2012(1):10-12.

[101]张继良.港口物流系统竞合研究[D].北京交通大学,2012.

[102]张云,赵一强.津冀港口物流协同发展构想[J].中国物流与采购,2010(17):54-55.

[103]赵馨,陈阳都.厦门港元旦扩大"版图"[EB/OL].(2005-12-28)[2016-08-25]http://news.sohu.com/20051228/n241182887.shtml.

[104]中国报告大厅.我国港口发展分析:临港产业集群快速发展[EB/OL].(2016-10-11)[2017-04-25] http://www. chinabgao. com/freereport/73896.html.

[105]中国港口年鉴编辑部.中国港口年鉴 2017[R].中国港口协会,2018.

[106]中华人民共和国国家统计局.中国统计年鉴 2017[R].2018.

[107]中华人民共和国海关总署.2016 年福建省外贸形势与全国总体水平基本保持一致[EB/OL].(2017-01-25)[2017-01-30]http://www. customs. gov. cn/tabid/2433/InfoID/838780/frtid/49629/settingmoduleid/126765/Default.aspx.

[108]中研网.世贸组织:中国 2016 年出口继续保持全球第一[EB/OL].(2017-04-17)[2017-05-04]http://www.chinairn.com/news/20170414/110553123.shtml.

[109]周凌云,穆东,李佳成.区域物流系统多主体协同内涵与机制[J].综合运输,2010(3):43-46.

[110]朱坤萍,张喜梅.港口物流与对外贸易关系的实证分析——基于河北省 1990－2011 年数据[J].河北经贸大学学报,2013(9):106-110.

[111]朱鹏颐.海峡西岸发展港口物流业的战略思路[J].福建师范大学学报(哲学社会科学版),2007(6):120-125.

[112]朱晓霞,蒋佳.基于模糊信息熵的港口物流系统评估分析[J].河北工业科技,2012(3):89-95.

[113]朱勇.福建拉开更高层面的全省港口资源整合序幕 重组省港航公

司[EB/OL].(2017-06-15)[2017-11-20] http://www. zgsyb. com/html/content/2017-06/15/content_642105.shtml.

[114]Brandenburger A.M., Nalebuff B.J.*Co-opetition*:1.*a revolutionary mindset that combines competition and cooperation*. 2.*the game theory strategy that's changing the game of business*[M]. Crown Business, 1996.

[115]Bristow R., Zhao X.B., Leung T.P.S. Some consequences and impacts of port development- the Hong Kong case [J].*Geojournal*, 1995, 37(4): 525-536.

[116] Hayut Y. Containerization and the load center concept [J]. *Economic Geography*, 1981, 57(2): 160-176.

[117]Hilling D. The evolution of a port system: the case of Ghana [J]. *Geography*, 1977, 62(2): 97-105.

[118] Hoyle B., Charlier J. Inter-port competition in developing countries: An East African case study [J]. *Journal of Transport Geography*, 1995, 3(2): 87-103.

[119]Lam J.S.L. An interpretation of inter-container port relationships from the demand perspective [J]. *Maritime Policy & Management*, 2004, 31(4): 337-355.

[120] Mayer H. M. Current trends in Great Lakes shipping [J]. *Geojournal*, 1978, 2(2): 117-122.

[121]Myrdal G. *Economic theory and under-developed regions*[M]. Harper & Brothers Publishers, 1957.

[122]Ogundana B. Seaport development: Multi-National co-operation in West Africa [J]. *Journal of Modern African Studies*, 1974, 12(3): 395-407.

[123]Padula G., Dagnino G. Untangling the rise of coopetition: the intrusion of competition in a cooperative game structure [J]. *International Studies of Management and Organization*, 2007, 37(2): 32-52.

[124]Perez-Labajos C., Blanco B. Competitive policies for commercial sea ports in the EU [J]. *Marine Policy*, 2004, 28(6): 553-556.

[125]Peris-Mora E., Diez Orejas J.M., Subirats A., Ibáñez S., Alvarez P. Development of a system of indicators for sustainable port management [J].

Marine Pollution Bulletin, 2005, 50(12): 1649-1660.

[126]Perroux F. A note on the notion of growth pole [J]. *Applied Economics*, 1955(1-2): 307-320.

[127]Perroux F. Economic space: theory and applications [J]. *Quarterly Journal of Economics*, 1950, 4(1): 89-104.

[128]Rimmer P.J. The changing status of New Zealand seaports, 1853-1960 [J]. *Annals of the Association of American Geographers*, 1967, 57(1): 88-100.

[129]Rimmer P.J. The search for spatial regularities in the development of Australian seaports 1861-1961/2 [J]. *Geografiska Annaler (Series B: Human Geography)*, 1967, 49(1): 42-54.

[130]Seabrook W., Hui E.C.M., Lam W.H.K., Wong G.K.C. Forecasting cargo growth and regional role of the port of Hong Kong [J]. *Cities*, 2003, 20(1): 51-64.

[131]Song D.W. Regional container port competition and co-operation: the case of Hong Kong and South China [J]. *Journal of Transport Geography*, 2002(10):99-110.

[132]Starr J.T. The mid-Atlantic load centre: Baltimore or Hampton Roads? [J]. *Maritime Policy & Management*, 1994, 21(3): 219-227.

[133]Taaffe E.J., Morrill R.L., Gould P.R. Transport expansion in underdeveloped countries: a comparative analysis [J]. *Geographical Review*, 1963, 53(4): 503-529.

[134]Wang J.J., Slack B. The evolution of a regional container port system: The Pearl River Delta [J]. *Journal of Transport Geography*, 2000, 8 (4): 263-275.

[135]Wiegmans B.W., Louw E. Changing port-city relations at Amsterdam: a new phase at the interface? [J]. *Journal of Transport Geography*, 2011, 19(4): 575-583.

[136]Yochum G.R., Agarwal V.B. Economic impact of a port on a regional economy: note [J]. *Growth & Change*, 1987, 18(3): 74-87.

后 记

在本书的资料收集及调查过程中，获得了福州青州集装箱码头有限公司操作部、业务部多位员工的鼎力帮助；在数据处理过程中，获得了福建江夏学院曾倩琳老师的帮助；在出书过程中获得了工作单位福建江夏学院的高度重视和资助。在此表示感谢！

郑颖

2019 年 4 月